#반려견반려묘모두를위해
#내음식만들때펫푸드도함께
#요리초보도따라하기쉽게
#수제간식 #펫자연식 #펫베이커리

레시피팩토리는 행복 레시피를
만드는 감성 공작소입니다.
레시피팩토리는 모호함으로 가득한
세상 속에서 당신의 작은 행복을 위한
간결한 레시피가 되겠습니다.

# 나의
# 반려견 반려묘
## 요리책

더 오래 건강하게 함께하고 싶어서

우리는 가족이라고 이야기하는 반려동물과 많은 일상을 보내고 있습니다. 퇴근 후 반겨주는 반려동물과 함께 잠도 자고, 여행도 가고, 이제는 쇼핑도 같이하는 시대죠. 하지만 그들을 위해 기꺼이 '요리' 하는 시간은 혹시, 가져 보셨나요?

처음 🐾 하루와 가족이 되고 사료를 구매하려고 보니 너무나도 다양한 브랜드와 맛, 종류가 있어 놀랐던 기억이 납니다. 가장 중요한 원료명은 확인도 하지 않고, 포장지에 적힌 '퍼피용, 닭고기맛'이라는 커다란 글자만 보고 덜컥 구매했었지요. 그러던 어느 날, 밥 시간이 되어 "아그작 아그작" 사료를 먹는 하루를 보는데 문득 '하루는 행복할까?' 라는 생각이 들었어요.

아차 싶은 마음에 '닭고기맛' 사료 뒷면을 살펴보니, 닭고기 외에도 많은 재료들이 들어 있었고 그 중에는 마법 주문처럼 읽기도 어렵고 생소한 첨가물과 보존제도 있었어요. 화장품 하나를 고를 때도 성분을 일일이 확인하며 까다롭게 구매하는 제가 왜 🐾 하루의 영양과 건강을 책임질 매일 먹는 사료는 별다른 고민도 의심도 없이 구매해서 먹였을까요?

저희는 요리를 하는 것도 먹는 것도 너무나 좋아하는 자타공인 미식가 커플이에요. 펫푸드 셰프인 박규원 님은 이탈리안 미슐랭 레스토랑에서 셰프로 일하면서 매일 새로운 메뉴를 개발하며 공부하고 있었고, 저(김초롱) 또한 다양한 미식 모임은 물론 건강식에도 관심이 많아 나름 공부도 하면서 식재료 하나를 구매할 때도 깐깐하게 굴었는데, 그런 저희가 정작 사랑하는 가족인 🐾 하루의 식생활에는 참으로 무심했던 것이지요.

"아그작 아그작" 평생 이렇게 같은 식감과 맛만 느껴야 한다면, 저희는 조금도 행복하지 않을 것 같았어요. 그리고 이렇게 늘 같은 음식을 먹는 것이 과연 건강에 좋을지도 의문이 들었지요. 그날 저희는 하루가 먹는 음식과 펫푸드에 대해 밤새워 이야기를 나눴어요. 요리를 업으로 삼고 있으면서도 🐾 하루를 위한 음식은 단 하나도 만들 줄 아는 게 없다는 사실에 하루에게 많은 미안함을 느꼈고, 적잖은 충격도 받았죠. 그때부터 더 오래, 건강하고 행복하게 🐾 하루와 함께하고 싶은 마음에 직접 장을 본 휴먼 그레이드 식재료를 이용해 하루를 위한 펫푸드를 만들기 시작했어요.

스트레스 해소용으로 줄 건조간식은 물론이고 식사 대용으로 줄 특식, 특별한 날을 위한 케이크와
디저트 등을 만들었어요. 그럴 때마다 하루의 건강과 무병장수를 고려해서 좀 더 전문적으로
요리하고 싶다는 욕심이 생겼고, 보다 깊이 있는 반려동물 영양학 공부가 필요하다는 걸 느꼈어요.
단순히 먹을 수 있는 식재료와 먹을 수 없는 식재료만 구분해서 펫푸드를 만든다면, 장기적으로는
영양 밸런스가 깨질 수도 있다고 판단했지요.

그래서 저희는 반려동물 소화, 대사, 질병, 영양까지 본격적으로 공부하기 시작했고, 펫푸드
영양학과 관련된 '펫푸드 지도사'는 물론 '반려동물 수제간식'과 '반려동물 베이커리' 자격증까지
모두 취득했어요. 그리고 본격적으로 "아그작 아그작"은 물론 "쫄깃 쫄깃", "바삭 바삭",
"말캉 말캉", "부들 부들" 등 다양한 식감들을 연구하기 시작했고, 저희의 식탁처럼 하루의
식탁도 매일 다채로워지기 시작했습니다.

이러한 활동들이 차곡차곡 쌓이다보니 자연스럽게 지금의 <펫푸드 연구소, 하루의 하루>를 열게
되었어요. 반려동물 수제간식이나 펫케이크를 판매하는 것에 그치지 않고, 그간 꾸준히 공부하고
연구한 지식을 여러 반려인들도 아셨으면 좋겠다는 마음으로 '펫푸드 클래스'도 운영하고 있어요.

지금껏 수많은 강의를 진행했고 온라인 교육 플랫폼에서도 여러 펫푸드 프로그램도 진행했는데요,
덕분에 일반 반려인은 물론 펫푸드 창업을 희망하는 반려인까지 다양한 분들을 만났답니다.
그러면서 저희에게는 꿈이 생겼어요. 반려인이라면 누구나 우리집 반려동물을 위한 식사 한끼
정도는 집에서 뚝딱 만들어줄 수 있는 시대가 오면 좋겠다는 것이지요. 간단한 간식 대용으로 주는
펫푸드뿐만 아니라, 반려동물들을 위한 건강한 식탁문화가 자리 잡히는 '펫다이닝'의 보편화를
꿈꾸고 있어요.

그래서 이 책에서 저희가 알려드리고 싶은 펫푸드는 화려한 기술보다는 집에 있는 식재료를 이용해
내가 먹을 음식을 만들 때, 내 가족인 반려동물의 음식도 함께 만들 수 있도록 포인트를 맞췄어요.
그렇기 때문에 누구나 어렵지 않게 따라할 수 있을 거예요.

음식이 가지는 의미는 다양하지만, 좋은 식재료로 정성 어린 한끼를 만드는 시간은 나 자신을
귀하게 대접하는 시간이라고 생각해요. 하루에게 건강하고 맛있는 펫푸드를 요리해주면
저희에게 둘도 없이 소중한 가족을 귀하게 대접한 기분이 들어요. 여러분도 아낌없는 사랑과
믿음을 보여주는 반려동물에게 가끔은 이렇게 직접 만든 요리를 선물하면 어떨까요?
조금 서툴고 모양이 예쁘지 않더라도 반려동물들은 여러분이 준비한 한끼를 함께하는
그 시간 자체를 더 소중하고 행복하게 느낄 거예요. 분명 힘차게 꼬리치며 행복한 표정으로
화답해주겠지요. 그런 귀하고 값진 시간들을 여러분도 꼭 경험하셨으면 좋겠습니다.

저희와 함께 사랑 넘치는 레시피들을 완성시켜보세요!

2022년 가을, 이 세상 모든 동물들의 건강과 행복을 응원하며
건강한 펫푸드를 연구하는 <펫푸드연구소, 하루의하루> 대표이자 하루의 가족, 김초롱 박규원

002 Prologue
007 레시피를 따라 하기 전에 꼭 확인하세요!
145 Index

# Basic Guide

010 반려견 vs. 반려묘
   올바른 급여 방법 알아두기
014 먹일 수 있는 재료 vs. 피해야 하는 재료
   꼼꼼히 살펴보기
026 펫푸드를 좀 더 쉽게 해주는
   조리도구 구비하기
030 펫푸드에 많이 사용하는
   기본 식재료 손질법 배우기
032 Q&A 가장 많이 묻는 질문과 답변

# Topping and Snack

038 코티지 치즈
040 다용도 두부크림
042 시금치 가루
044 무염 황태 가루
046 소간 가루
048 닭가슴살 스틱
050 닭가슴살 칩 ●
052 반건조 닭안심 스테이크
054 오리안심 스틱
055 오리안심 칩 ●
058 오리 근위 육포
060 쇠고기 스틱
062 쇠고기 칩 ●
064 명태 두부 스틱 ●
066 베지 스틱
068 단호박 우유껌
070 댕냥 시리얼
072 수박 오이 스무디 ●
074 블루베리 요거트 스무디 ●
076 딸기 바나나 스무디 ●

- 펫푸드를 처음 만드는 이들도 어렵지 않게 따라 만들 수 있는 쉬운 레시피
- 스트레스 등으로 잘 먹지 않을 때 요긴한 기호성 높은 레시피
- 영양식으로 먹이면 좋은 부드러운 식감과 단백질 풍부한 보양 레시피 노령 반려동물에게도 추천!

# DAILY MEAL

| | | | |
|---|---|---|---|
| 080 | 두부 감자전 | 100 | 연어 파피요트 |
| 082 | 황태 치즈볼 | 102 | 닭고기 카레덮밥 |
| 084 | 어묵볼 꼬치 | 104 | 명태 달걀 볶음밥 |
| 086 | 닭가슴살 치즈 소시지 | 106 | 펜네 크림 파스타 |
| 088 | 멍냥치킨 | 108 | 푸실리 로제 파스타 |
| 090 | 단호박 고구마무스 닭가슴살 스테이크 | 110 | 비프 스테이크 크림 리조또 |
| 092 | 찹 스테이크 | 111 | 두부 라자냐 |
| 094 | 오리안심 떡갈비 스테이크 | 116 | 미네스트로네 수프 |
| 096 | 톳 오리안심 테린 | 118 | 꼬꼬 단호박 당근 수프 |
| 098 | 쇠고기 샐러드 | 120 | 명태 양배추 콜리플라워 수프 |

# SPECIAL DAY

124 두부 카나페 ● ●
126 블루베리 우유 푸딩
128 초코칩 컵케이크
129 단호박 컵케이크
134 연어 고구마 컵케이크
138 애플파이 ●
140 미트파이 ●
142 연어키쉬 ●

## 이 책의 모든 레시피는요!

### ✓ 표준화된 계량도구를 사용했습니다.

- 1컵은 200㎖, 1큰술은 15㎖, 1작은술은 5㎖ 기준입니다.
- 계량도구 계량 시 윗면을 평평하게 깎아 계량해야 정확합니다.
- 밥숟가락은 보통 12~13㎖로 계량스푼(큰술)보다 작으니 감안해서 조금 더 넉넉히 담아야 합니다.
- 레시피의 정확한 양을 알려드리기 위해 그램(g)으로 한 번 더 표기했어요. 정확한 레시피를 원하는 분들은 조리용 저울로 재료의 무게를 재어 사용하면 됩니다.

### ✓ 재료와 도구를 고를 때 참고하세요.

- 오이, 애호박, 당근, 브로콜리, 고구마, 단호박 등 개수로 표시된 채소는 너무 크거나 작지 않은 중간 크기를 기준으로 개수와 무게를 표기했습니다. 단, 단호박은 속을 모두 파낸 후 무게를 표기했습니다.
- 달걀은 모두 특란을 사용했습니다.
- 기름은 올리브유를 사용했습니다. 포도씨유와 아보카도유를 제외한 일반 식용유로 대체해도 되지만 항산화 작용이 뛰어나고 높은 온도에서도 변질이 적은 올리브유를 추천해요.
- 재료를 곱게 갈 때 핸드블렌더나 믹서를 사용하면 됩니다. 재료의 양이 적을 때는 믹서보다는 핸드블렌더를 사용하는 것이 좀 더 편리해요.
- 펫푸드나 사료에 곁들이기 좋은 시금치 가루(42쪽), 무염 황태 가루(44쪽), 소간 가루(46쪽) 등은 기호에 따라 가감하면 됩니다. 미리 만들어 냉동 보관해두면 좋아요.

## 레시피를 따라 하기 전에 꼭 확인하세요!

**메뉴의 특징**

**대상**
개는 육식성 잡식이라 책 속 모든 메뉴를 먹일 수 있어요. 반면 고양이는 육식성이라 일부 탄수화물이 많은 메뉴는 추천하지 않았습니다.

**급여**
간식인지, 식사 대체인지에 따라 급여 분량이 달라져요. 먼저 반려동물의 하루 급여 적정 칼로리(13쪽)를 확인하고, 레시피를 고른 후 칼로리를 체크하세요. 간식으로 먹인다면 하루 칼로리의 20% 이내가 되게 먹이고, 식사 대체로 먹인다면 하루 칼로리 그대로 맞춰 먹이면 됩니다.

**식감**
사람마다 좋아하는 맛이 다르듯, 반려동물들도 선호하는 식감이 있어요. 그 식감을 즐기며 스트레스를 해소하기도 하지요. 반려동물이 좋아하는 식감을 파악해보세요.

**칼로리**
레시피 그대로 만들었을 때 완성량의 칼로리를 표기했어요. 필요한 칼로리만큼 먹이고 남은 펫푸드는 10쪽을 참고해 보관했다가 급여하세요.

**필요한 재료**
메뉴를 만들 때 필요한 재료를 한 눈에 확인할 수 있어요.

**주의사항 및 활용팁**
해당 메뉴를 만들 때 주의할 사항이나 응용하는 방법 등 저자의 노하우를 알려줘요.

**만드는 과정**
재료의 손질, 반죽의 상태 등을 확인하며 실패하지 않고 레시피를 따라할 수 있어요.

# BASIC GUIDE

올바른 급여 방법부터 식재료, 조리도구까지
나의 반려동물을 더 잘 먹이기 위한 기본 정보들

# 반려견 vs. 반려묘
# 올바른 급여 방법 알아두기

이 책에서 소개하는 메뉴들을 좀 더 건강하고, 효과적으로 먹일 수 있는 급여 방법을 소개합니다.
키우고 있는 반려동물의 건강 상태, 식성, 성향 등을 고려해 아래 제시하는 가이드에 따라 급여하세요.

**( 급여란? )**

반려동물에게 사료, 음식, 간식을 내어주는 것을 일반적으로 '급여(給與)'라고 불러요. '먹인다'라고
표현해도 되겠지만, 이 책에서는 반려인들에게 익숙한 '급여'라는 단어를 그대로 썼어요.
참고로 영어에서는 사람이나, 동물이나 밥을 먹이는 것은 모두 '피딩(feeding)'이라고 한답니다.

**( 급여 대상 )**

펫푸드는 생후 6개월 이상 건강한 성견, 성묘에게 급여하세요.
이 책에서 사용하는 식재료는 반려견, 반려묘 모두 먹을 수 있는 것들이에요. 하지만 소장 및 다른 장기의
발달이 충분히 이루어지지 않은 어린 반려동물에게는 부담이 되거나 문제가 될 수 있는 식재료도 있어요.
따라서 생후 6개월 이상 건강한 성견, 성묘에게 급여하세요. 그리고 알레르기나 질병이 있는 경우에는
반드시 사용되는 식재료를 잘 살펴본 후 수의사의 지시에 따라 급여하세요.

**( 남은 펫푸드 보관법 )**

냉장은 5일, 베이커리류나 건조 간식은 냉동 2개월까지 보관 가능해요.
하루에 급여 분량만큼 요리해 먹이는 것이 맛이나 영양면에서 가장 좋겠지만, 그렇지 못할 경우
남은 음식은 냉장이나 냉동했다가 먹여도 됩니다. 식재료 상태와 계절에 따라 다르겠지만,
냉장 보관 시 5일 내 급여하면 됩니다.
베이커리류나 건조 간식의 경우에는 한 번 먹일 만큼 소분해 냉동 보관한 후 2개월 내 급여하세요.
냉동고에 들어가면 영원히 나오지 못하는 음식들이 더러 있죠. 이런 불상사를 막기 위해 포장 위에 펜이나
마스킹 테이프 등을 이용해 만든 날짜를 메모해 보관하세요.
냉동한 펫푸드는 하루 전날 냉장실에서 자연 해동한 후 급여하는 것이 가장 좋아요.
급할 때는 전자레인지에서 20~30초 가량 돌려서 해동한 후 급여하면 됩니다.

**( 급여 방법 )**

1. 하루 적정 칼로리에 맞춰 급여하세요(13쪽 칼로리표 참고).
반려동물도 사람과 마찬가지로 몸에 필요한 대사를 하기 위한 적정 칼로리가 정해져 있어요.
이 칼로리나 영양소가 장기적으로 불균형하거나 부족하면 영양실조 또는 비만 등을 초래해
건강이 나빠지고, 여러 병의 원인이 될 수 있어요.

2. 먹는 성향에 따라 목에 걸리지 않게 크기를 조절하세요.
개나 고양이는 식도로 넘어갈 수 있는 크기가 되면 씹지 않고 삼키는 경향이 있어요.
그러니 소형견이나 고양이, 그리고 음식 욕심이 많아 급하게 먹는 반려동물의 경우에는
음식을 모두 잘게 잘라서 급여하는 것이 좋아요.

### 3. 잇몸 건강을 위해 반드시 한김 식힌 후 주세요.

뜨거운 음식은 아이들의 잇몸 건강에 치명적이에요. 반드시 한김 식힌 후 급여하세요.
단, 고양이의 경우 워낙 입맛이 까다로워 낯선 음식을 잘 먹지 않죠.
이때는 체온(35~40℃) 정도의 온도로 급여하면 더 잘 먹어요.
차갑게 주었을 때 먹지 않는다면 따뜻하게 데운 후 한 김 식혀 급여해보세요.

### 4. 처음 주는 식재료는 반드시 소량만 주고 차차 양을 늘리세요.

평소 화식이나 수제 간식을 접해보지 않은 반려동물은 다양한 식감과 맛있는 냄새를 풍기는 음식들이
너무 마음에 들어 과식을 할 수도 있고, 위장에서 낯선 음식이 들어와 부담이 될 수도 있어요.
처음 급여하는 식재료가 있다면 반드시 소량만 준 후 차차 양을 늘리세요.
사료든 간식이든 식후 대소변 상태 체크는 필수인 거, 모두 잘 아시죠?

( 반려견 vs. 반려묘 입맛 차이 )

### 개는 무엇이든 잘 먹는 육식성 잡식파,
### 고양이는 조금씩 자주 먹는 입맛 까다로운 육식 동물이에요.

일반적으로 개는 '단맛'에 대한 수용성이 높아요. 특정 식재료 외에는 호불호가 강하지 않으며 무엇이든
잘 먹죠. 반면 고양이는 단맛을 잘 느끼지 못해요. 심지어 입맛이 매우 까다롭기 때문에 평소에 잘 먹던
음식도 싫증이 나면 먹지 않지요. 먹지 않던 음식을 어느 순간 먹기도 하고요. 개와 비교하면 다양한
식재료들을 호기심 있게 먹지 않는 성향이 있어요

소화기관에도 차이가 있어요. 개는 육식성 잡식 동물이지만, 고양이는 전형적인 육식 동물이에요.
그래서 고양이는 탄수화물 함량이 높은 간식을 좋아하지 않아요. 또한 탄수화물이 많은 식재료나
간식들을 잘못 먹으면 소화가 잘되지 않아 건강에 좋지 않을 수도 있어요.

고양이는 단백질 함량이 높은 음식들을 좋아해요. 그 안에서도 육류를 좋아하는 친구들이 있는가 하면,
어류를 좋아하는 친구들이 있죠. 이렇게 고양이의 까다로운 입맛을 맞추는 것은 어려움이 있어요.
또한 고양이는 조금씩 자주 먹는 소량빈회 섭식자입니다. 맛있는 음식이 있으면 참지 못하고
한 번에 허겁지겁 먹는 개와는 매우 다른 성향이죠.

하지만 건강하게 급여하는 방법은 개, 고양이 모두 조금씩 자주 먹이는 것이에요.
이 책에서는 개가 먹을 수 있는 펫푸드와 고양이가 먹을 수 있는 펫푸드를 나누어 표기했어요.
최대한 두 반려동물 모두 급여할 수 있는 레시피 위주로 알려드리려고 노력했어요.
하지만 고양이는 특성상 식재료에 따라 호불호가 클 수 있어요. 그럴 때는 레시피에 안내한
대체 식재료로 만들어 보면 좋고, 수분 함량이 높은 펫푸드 위주로 급여하는 것이
성공할 확률이 높아요.

( 주요 영양소 )

### 1. 탄수화물 : 혈당지수가 낮은 고구마, 글루텐 없는 박력 쌀가루를 활용해요.

육식성 잡식인 개는 육식인 고양이에 비해 탄수화물 수용이 어느 정도 가능해요. 하지만 탄수화물은 혈당을 높이고 지방으로 축적되기 쉽기 때문에 반려견 펫푸드에 사용하는 탄수화물 식품은 'GI 지수(Glycemic Index : 혈당지수)'가 상대적으로 높은 감자보다 고구마를 많이 사용해요. 또한 펫베이킹에서는 알레르기 반응이 높고 글루텐으로 인해 소화율이 낮은 밀가루 대신 박력 쌀가루를 주로 활용하지요.

고양이는 육식성 동물이라 탄수화물 소화율이 특히 낮아요. 또한 단백질이 분해된 아미노산으로 혈당을 유지하니 굳이 탄수화물을 급여할 필요가 없어요. 단, 잘 익힌 탄수화물은 어느 정도 소화할 수 있기 때문에 탄수화물을 먹이면 절대 안되는 건 아니랍니다.

### 2. 단백질 : 육류, 어류, 콩류로 보충하되 과잉되지 않게 주의해요.

아주 중요한 에너지원으로, 개와 고양이 모두 단백질이 결핍되지 않도록 해야해요. 건강한 개와 고양이라면 단백질을 소화하는데 문제가 없어요. 이러한 단백질은 육류, 어류, 콩류 등으로 보충하면 되는데, 과잉될 경우 대사 과정에서 '간'에 독성이 생겨 '신장'까지 무리를 줄 수 있어요. 특히 현대의 반려동물들에게는 영양 결핍보다 과잉으로 인해 질병이 생기는 경우가 많으니 주의해야 하지요. 예를 들어 만성신장병에 걸리면 단백질과 인을 제한하는 식사를 해야 하는데, 이렇게 되면 필수 영양소인 단백질 부족으로 면역력 저하, 성장 저해, 피부 및 피모의 이상 등이 불가피하게 생길 수 있어요. 따라서 애초에 질병이 생기지 않도록 평소에 건강한 식습관을 유지하도록 하세요.

### 3. 지방 : 항산화 비타민이 풍부한 식품과 함께 먹으면 좋아요.

필수 영양소지만, 칼로리가 높아 과잉 섭취하면 비만이나 췌장질환 등을 유발할 수 있어요. 비만은 당뇨, 심장병, 관절질환, 장질환 등 다양한 병을 유발하기도 하죠. 체중 감량을 위한 다이어트 스트레스 역시 반려인과 반려동물 모두의 몫이 됩니다. 따라서 과잉되지 않도록 주의가 필요해요. 동물의 필수 지방산인 장쇄지방산의 경우에는 산패가 되기 쉽기 때문에 항산화 작용을 하는 비타민E, 비타민C가 풍부한 식품과 함께 섭취하는 것이 도움이 돼요.

### 4. 그밖의 영양소와 수분

비타민과 미네랄 등도 과잉이거나 결핍되지 않도록 균형잡힌 식사가 필요하고, 수분의 경우에도 개와 고양이 모두 음수량을 높여 충분히 먹게 하는 것이 각종 질병 예방에 도움이 돼요.

( 급여 칼로리 )

반려동물도 하루에 필요한 적정 급여 칼로리가 있는데요, 이를 'DER(Day Energy Requirement)' 이라고 해요. DER은 단순히 체중이나 체격 등에 그대로 비례하지는 않고, 사람과 마찬가지로 반려동물의 성장 단계와 중성화 수술 여부, 비만도 여부, 활동량 등에 따라 달라질 수 있어요.

옆 페이지의 표는 반려동물의 몸무게와 중성화 수술 여부에 따른 DER이에요. 급여량을 궁금해할 독자님을 위해 이 책의 모든 레시피에는 칼로리를 표기했어요. 그러니 표에서 반려견, 반려묘가 하루에 먹을 수 있는 적정 칼로리를 확인한 후 각 레시피의 칼로리를 잘 확인해 급여하면 됩니다.

'간식'이라고 표기된 레시피는 하루에 먹을 수 있는 칼로리의 20% 이내로만
급여하고, 나머지 80%는 평소 급여하는 종합 영양식인 사료로 대체하면 됩니다.
'식사 대용'이라고 표기한 레시피는 하루에 먹을 수 있는 칼로리를 대체해서
100% 급여해도 됩니다.

### 반려견 체중 및 중성화 수술 여부에 따른 DER(하루 급여 적정 칼로리)

| 체중 | DER 중성화 수술한 경우 | DER 중성화 수술을 하지 않은 경우 | 체중 | DER 중성화 수술한 경우 | DER 중성화 수술을 하지 않은 경우 |
|---|---|---|---|---|---|
| 1.5 kg | 151 Kcal | 170 Kcal | 7.5 kg | 507 Kcal | 571 Kcal |
| 2 kg | 188 Kcal | 211 Kcal | 8 kg | 532 Kcal | 599 Kcal |
| 2.5 kg | 222 Kcal | 250 Kcal | 8.5 kg | 557 Kcal | 627 Kcal |
| 3 kg | 255 Kcal | 287 Kcal | 9 kg | 581 Kcal | 654 Kcal |
| 3.5 kg | 286 Kcal | 322 Kcal | 9.5 kg | 606 Kcal | 681 Kcal |
| 4 kg | 316 Kcal | 356 Kcal | 10 kg | 629 Kcal | 708 Kcal |
| 4.5 kg | 346 Kcal | 389 Kcal | 11 kg | 676 Kcal | 761 Kcal |
| 5 kg | 374 Kcal | 421 Kcal | 12 kg | 722 Kcal | 812 Kcal |
| 5.5 kg | 402 Kcal | 452 Kcal | 13 kg | 766 Kcal | 862 Kcal |
| 6 kg | 429 Kcal | 483 Kcal | 15 kg | 853 Kcal | 960 Kcal |
| 6.5 kg | 455 Kcal | 512 Kcal | 18 kg | 978 Kcal | 1101 Kcal |
| 7 kg | 481 Kcal | 542 Kcal | 20 kg | 1059 Kcal | 1191 Kcal |

### 반려묘 체중 및 중성화 수술 여부에 따른 DER(하루 급여 적정 칼로리)

| 체중 | DER 중성화 수술한 경우 | DER 중성화 수술을 하지 않은 경우 | 체중 | DER 중성화 수술한 경우 | DER 중성화 수술을 하지 않은 경우 |
|---|---|---|---|---|---|
| 2 kg | 121 kcal | 164 kcal | 5.5 kg | 301 kcal | 351 kcal |
| 2.5 kg | 167 kcal | 194 kcal | 6 kg | 322 kcal | 375 kcal |
| 3 kg | 191 kcal | 223 kcal | 6.5 kg | 341 kcal | 398 kcal |
| 3.5 kg | 214 kcal | 250 kcal | 7 kg | 361 kcal | 421 kcal |
| 4 kg | 237 kcal | 277 kcal | 7.5 kg | 380 kcal | 444 kcal |
| 4.5 kg | 259 kcal | 302 kcal | 8 kg | 399 kcal | 466 kcal |
| 5 kg | 280 kcal | 327 kcal | | | |

BASIC GUIDE

# 먹일 수 있는 재료 vs. 피해야 하는 재료
# 꼼꼼히 살펴보기

반려동물에게 사용할 수 있는 식재료와 없는 식재료, 또한 재료를 고를 때 주의사항 등을 소개합니다.
건강 상태나 기호성에 따라 재료를 조절하는 방법과 다양한 영양학적 지식을 알려드리니, 요리 전 꼭 숙지하고 시작하세요.

( 어류 )

### 연어
연어, 하면 떠올리는 오메가-3 지방산은 특히 면역력 향상에 도움이 되고, 피부나 피모 개선에 효과적인 영양소예요. 하지만 날것으로 급여할 경우에는 주의가 필요합니다. 특히 강아지의 경우에는 연어를 날 것으로 먹으면 기생충과 세균 번식의 위험이 크기 때문에 절대 날것으로 급여하지 않도록 하세요. 건조해서 급여하는 경우에도 잔가시 등을 잘 제거하세요.

### 명태
저지방에 단백질이 풍부한 식재료예요. 칼로리가 낮기 때문에 비만인 반려동물에게도 비교적 마음 놓고 급여할 수 있어요. 칼슘과 칼륨이 풍부해 근육과 치아 건강에도 도움이 돼요. 명태 또한 날것으로 급여하기보다 익혀 급여하는 것이 좋아요. 명태에는 잔가시가 많으니 원물 생선보다는 가공된 명태살 블록을 구매해 급여하는 것을 추천해요. 기력 회복에도 좋고, 기호성도 높은 식재료라 펫푸드에서 많이 활용해요. 하지만 신장질환을 앓고 있는 반려동물에게는 사용하지 않는 것이 좋아요.

### 황태 (무염 황태 가루 만들기 44쪽)
명태가 얼었다가 녹는 걸 반복하면서 건조된 것으로, 명태처럼 저지방 고단백 식품이에요. 소화능력이 떨어진 반려동물에게도 쉽게 급여할 수 있어요. 하지만 시중에 판매되는 황태포, 황태채는 염분이 많기 때문에 그대로 급여하는 건 위험할 수 있어요. 물에 여러 번 담가 염분기를 제거한 후 식품 건조기에서 다시 건조해 급여하는 것을 추천해요. 사람이 먹으면 짭조름한 맛이 느껴지지 않아 황태향만 나는 것처럼 느껴질 수 있으나 반려동물들은 코를 킁킁대며 맛있게 먹는답니다. 건조 전, 황태의 지느러미와 잔가시 등은 모두 제거하세요. 가시는 바삭하게 건조될수록 더 뾰족해지기 때문에 반려동물의 잇몸을 다치게 할 수 있답니다.

## ( 육류 )

### 닭고기
닭가슴살, 닭안심을 사용합니다. 이들은 칼로리는 낮지만 많은 단백질을 함유하고 있어요. 또한 오메가-6가 풍부해 피부, 피모 개선에도 효과적이에요. 다만 닭의 껍질은 지방이 많아 소화하기 힘드니 제거하고 급여하세요. 닭고기를 생으로 급여해도 되는지 궁금해하는 분들이 많을텐데요, 닭고기의 경우 생육으로 먹어도 괜찮지만 변질 위험성이 높아 탈이 날 수 있으니 급여 시 주의가 필요합니다. 되도록 익혀서 급여하는 것이 좋아요. 또한 생닭으로 급여할 때는 껍질과 잔뼈까지 모두 제거해야 안전해요.

### 오리고기
항산화 물질이 풍부하고 피모 개선에 도움이 되는 오메가-3 지방산이 많아요. 동물성이지만 불포화 지방산이 풍부해 콜레스테롤 합성을 억제하고 혈관을 건강하게 만들어주죠. 하지만 지방 함량이 많아 닭가슴살보다는 칼로리가 높은 편이니 과체중인 반려동물에게는 소량만 급여하거나, 닭가슴살로 대체하는 것이 좋아요. 특히 펫푸드에서는 오리안심을 많이 사용하는데 오리안심을 이용해 건조 간식을 만들거나 요리할 때는 잔뼈나 지방을 잘 제거한 후 조리해야 합니다.

### 쇠고기
지방 함량이 적은 부위를 쓰는 것이 좋기 때문에 이 책에서는 모두 홍두깨살을 이용했어요. 쇠고기는 지방 함량이 많기 때문에 과식하면 췌장염 등 장질환을 일으킬 수 있으니 적정 급여량을 지켜주세요. 또한 쇠고기는 닭고기와 오리고기보다 알레르기 반응이 높아요. 쇠고기에 알레르기가 있는 반려동물에게는 닭고기나 오리고기 혹은 연어 등으로 대체해 요리해주세요.

### 소간 (소간 가루 만들기 46쪽)
소의 간에 풍부한 비타민A는 피부 점막을 튼튼하게 해주죠. 눈물이 많은 반려견에게 소간 가루를 급여하면 눈물이 개선된다고 하는데, 이는 눈물의 원인이 약한 점막으로 인한 자극일 때 해당되요. 하지만 알레르기 및 다른 질병으로 인해 눈물이 많은 반려동물에게는 적용되지 않아요. 소간은 꼭 신선한 것을 고르세요. 날 것으로 먹이기보다는 식품 건조기로 익혀서 소간 가루를 만들어 급여하는 것이 좋아요. 다양한 펫푸드에 활용하거나 사료 위에 뿌려서 급여해도 되지만, 밥투정하는 아이에게는 좋지 않은 습관을 들일 수 있으니 너무 자주 뿌려 주지 않는 것이 좋아요.

( **채소 & 과일** )

### 고구마
감자보다 칼로리는 더 높지만 혈당치를 끌어올리는 GI 지수가 낮고 싹에
독성이 없어 반려견에게 훌륭한 탄수화물 급원으로 사용되고 있어요.
풍부한 섬유질은 장의 기능을 촉진해 변비도 예방해줍니다. 하지만
칼로리가 높아 너무 많이 급여하면 비만을 유발할 수 있어요.

### 감자
비타민C와 칼륨이 풍부한 식재료예요. 하지만 급여 시 주의사항이
많은데요, 고구마와 비교했을 때 칼로리는 낮지만 혈당치를 끌어올리는
GI 지수가 높기 때문에 당뇨가 있거나 비만인 반려동물에게는 좋지 않아요.
감자의 싹에는 '솔라닌'이라는 독성성분이 있으니 싹이 나지 않은 매끈한
감자를 사용하세요. 또한 생감자에는 옥살산이 함유되어 있으니
반드시 익혀서 급여하세요.

### 단호박
비타민과 섬유질이 풍부한 저칼로리 채소라서 비만인 반려동물에게
좋은 재료예요. 부드러운 식감과 단맛으로 기호성이 높은 채소랍니다.
익혀서 급여하는 것이 좋고, 씨도 모두 제거한 후 급여해야 합니다.

### 당근
베타카로틴이 풍부한 채소 중 하나예요. 익히거나 쪄서 급여하면
베타카로틴 흡수율이 훨씬 높아집니다. 베타카로틴은 강한 항산화 작용을
하므로 반려동물들의 노화 방지에 도움이 되는 식재료예요.
특히 반려견에게는 베타카로틴이 비타민A라고 불리는 레티놀로 변환되어
눈 건강에도 도움을 줍니다.

### 토마토/방울토마토
수분과 섬유질이 풍부하며, 토마토 속 라이코펜 성분은 활성산소를 억제하고 심장질환을 예방해줘요. 라이코펜은 생으로 먹을 때보다 데쳐서 먹었을 때 더 높은 효과를 보여요. 베타카로틴도 풍부해 항산화 작용도 뛰어난 채소예요. 하지만 씨앗은 '솔라닌'이라는 독성성분을 가지고 있으니 제거 후 급여하는 것이 좋고, 칼륨 함량이 높기 때문에 신장질환이 있다면 피하는 것이 좋아요. 요즘 많이 판매되는 스테비아 토마토는 당도가 매우 높고, 반려동물에게 급여한 연구 결과가 많지 않으니 피하는 것이 바람직해요. 방울토마토는 식도에 걸리지 않도록 잘게 잘라서 급여하세요.

### 시금치 (시금치 가루 만들기 42쪽)
칼슘이 풍부한 채소로 잘 알려져 있죠. 하지만 칼슘이 과잉될 경우, 몸에서 결석을 형성할 수 있어요. 또한 수산 함량이 높은 편이라 장기간 급여 시 몸에 쌓이고, 다른 미네랄의 흡수를 방해하기도 해요. 따라서 시금치는 생으로 급여하지 않고 반드시 물에 한 번 데쳐 급여해야 하고, 한꺼번에 많은 양을 주는 것은 피하세요. 시금치를 물에 데쳐 수산을 어느 정도 제거한 후 다시 건조해 시금치 가루를 만들어 토핑으로 적당량만 급여할 것을 추천해요.

### 브로콜리
칼로리가 낮고 설포라판이라는 성분이 위 점막을 보호해 헬리코박터균을 억제하기 때문에, 펫푸드에서 많이 사용하는 채소예요. 줄기 부분은 섬유질이 많아 소화에 어려움이 있으니 윗부분만 사용하고, 생으로 급여하기보다는 살짝 데치거나 삶아 주는 것이 소화가 더 잘 돼요.

### 파프리카
단맛을 내기 때문에 반려동물이 거부감 없이 먹는 채소 중 하나예요. 비타민C가 풍부하고 수분 함량이 높으며 칼로리가 낮아 비만인 반려동물에게 급여하기 좋은 식재료예요. 생으로 급여해도 되는 채소이기도 해요. 하지만 안에 있는 씨와 섬유질 부분, 꼭지는 모두 잘 제거한 후 급여하세요.

### 오이
수분이 풍부해 반려동물의 음수량을 채워주기 좋은 채소예요. 아삭한 식감으로 기호성 또한 높은 편이에요. 급여할 때는 껍질은 모두 벗기고, 소화가 잘될 수 있도록 안에 씨 부분도 제거하는 것이 좋아요. 영양가가 높은 채소는 아니지만, 아이들이 좋아하는 아삭한 식감이라 여름철 특식으로 사용하기 좋아요.

### 바나나
단맛 때문에 반려견들이 좋아하는 과일 중 하나인데요, 당뇨가 있다면 주의가 필요합니다. 잘 익은 바나나를 고르고, 농약과 방부제 등이 남아있을 수 있으니 반드시 껍질은 제거한 후 과육만 급여하세요. 과육에 붙어있는 하얀 줄기에는 탄닌 성분이 있어 변비를 유발할 수 있으니 되도록 제거 후 급여하는 것이 좋아요. 칼륨이 많은 과일 중 하나이니 신장병을 앓고 있는 반려동물에게는 급여하지 마세요.

### 수박
수분이 풍부해 반려동물의 음수량을 채워주기 좋은 과일이에요. 비타민도 많이 함유하고 있고, 이뇨 작용도 원활히 도와주죠. 씨와 껍질은 반드시 제거한 후 빨간 과육 부분만 잘게 잘라 급여하세요. 단맛으로 반려견들에게 기호성이 높은 과일이지만, 많이 급여할 경우 배탈이 날 수 있으니 주의하세요.

### 블루베리
기호성도 높고 영양소도 풍부한 블루베리는 반려동물에게도 슈퍼푸드입니다. 특히 항산화 물질인 안토시안은 눈 건강과 두뇌 활동에 도움을 주죠. 하지만 과육이 작아 식도에 걸리는 경우가 많으니 잘게 잘라 급여하고 냉동 블루베리를 줄 때는 반드시 완전히 해동한 후 급여하세요.

### 크랜베리
비타민C와 비타민E가 특히 많이 들어있어 항산화 효과가 뛰어나고 면역력 향상에 도움이 됩니다. 방광염에도 효과적으로 작용을 해요. 피부와 피모 건강에도 도움을 줍니다. 하지만 강한 신맛이 있기 때문에 위장질환이 있는 반려동물에게는 공복에 급여하는 것을 가급적 피하는 것이 바람직해요.

### 사과
비타민과 안토시안이 풍부해 항산화 효과가 뛰어나고, 수분 함량도 높은 과일이죠. 또한 구연산이 풍부해 피로 회복에도 도움을 줍니다. 구취 제거에도 효과적인 과일로 알려져 있어요. 반드시 꼭지, 씨, 껍질은 제거하고, 단단한 과육으로 잇몸에 무리가 올 수 있으니 잘게 잘라서 급여하는 것이 좋아요.

### 딸기
비타민C가 풍부하고, 항산화 물질을 많이 함유한 과일이에요. 낮은 칼로리에 비해 섬유질이 풍부해 조금만 먹어도 포만감을 줍니다. 단맛이 있어 반려견들이 매우 좋아하는 과일이죠. 하지만 당뇨가 있는 반려동물에게는 조금만 급여하는 것이 좋아요.

## ( 가루류 )

### 박력 쌀가루
밀가루에 함유된 글루텐은 반려동물이 소화하기 힘들어요. 이를 대체하여 펫푸드에서는 박력 쌀가루를 사용해요. 일반 쌀가루가 아닌 '박력' 쌀가루를 사용해야 반려동물을 위한 빵이나 쿠키를 만들 때 잘 부풀어요. 강력 쌀가루에는 글루텐이 함유되어 있으니 가급적 박력 쌀가루를 사용하세요. 쌀가루는 탄수화물 함량이 높으니 너무 많은 양을 급여하지 않도록 주의하세요. 특히 고양이의 경우 탄수화물 함량이 높으면 소화하기 힘들어하니 많은 양을 사용하지 마세요.

### 비트 가루
혈관의 노폐물을 제거해주는 건강 식재료예요. 비트 가루의 경우에는 수분감을 머금고 있기 때문에 잘 뭉칠 수 있으니 냉동 보관하는 것이 좋아요. 펫푸드를 분홍색으로 조색할 때 사용하면 좋지만, 비트의 수분감으로 인해 크림을 조색할 때는 크림의 농도가 묽어질 수 있으니 주의하세요. 또한 고온에서는 색상이 거무튀튀하게 변할 수 있어요. 맑은 빨간색을 내기는 어렵지만, 조색은 어디까지나 사람의 욕심이지 반려동물을 위한 것은 아니라는 것을 기억하세요.

### 케일 가루
케일은 베타카로틴의 함량이 매우 높아 항산화 작용이 뛰어난 채소예요. 하지만 쓴맛이 나서 케일 자체를 펫푸드에 사용하면 반려동물들이 잘 먹지 않아 가루를 활용하지요. 케일 가루는 시중에서 쉽게 살 수 있고, 직접 만드는 것도 어렵지 않아요. 연두색을 조색할 때 많이 사용해요.

### 캐롭 가루
캐롭은 콩과식물 중 하나로 강아지들의 '초콜릿'으로 불리기도 합니다. 코코아 향이 가득해서 음식의 풍미를 높여주고, 칼슘 함량이 매우 많아 실제로 베지테리언들에게도 인기 있는 식재료예요. 간혹 캐롭의 초콜릿 향을 쓴맛으로 인식해 호불호가 갈리는 반려동물들도 있으니 처음 급여할 때는 소량을 사용해 맛을 볼 수 있도록 해주세요.

#### 한천 가루
우뭇가사리로 만든 식품으로 칼로리가 낮아서 비만인 반려동물에게 사용하기에 무리가 없는 식재료예요. 펫푸드에서는 젤리처럼 굳히는 역할을 맡고 있어요. 한천 가루는 뜨거운 액체에 부으면 그대로 덩어리지고 풀리지 않기 때문에 반드시 액체가 차가울 때 잘 섞어 풀어줘야 해요.

#### 코코넛 가루
피부와 피모 개선에 도움을 준다고 알려져 있어요. 낮은 칼로리로 비만인 반려동물에게도 많이 사용하지요. 하지만 영양적인 가치가 높은 장쇄지방산이 아니고, 체중 1kg당 약 1ml로 하루 급여 적정량이 생각보다 매우 적기 때문에 코코넛 가루를 너무 많이 사용하는 간식은 피하세요.

## ( 양념 )

#### 꿀
꿀은 크게 사향 벌꿀과 토종꿀로 나눌 수가 있어요. 사향 벌꿀은 벌집 주변에 설탕통을 달아 설탕물을 먹인 벌들이 만든 꿀이에요. 반면에 토종꿀은 꿀벌이 직접 꽃에서 꿀을 채집하기 때문에 미네랄과 비타민이 풍부하죠. 사향 벌꿀은 원당 함량이 높아, 반려견들의 비타민B 소실을 일으키고, 당뇨를 유발할 수 있어요. 그러니 꼭 토종꿀을 선택하세요. 여러 꽃에서 채집한 잡화꿀, 아카시아꿀, 밤꿀, 마누카꿀 모두 좋습니다. 꿀은 반려견의 기호성을 높이기도 하고 펫푸드 베이커리에서 설탕의 역할을 대신하기도 해요. 하지만 꿀에는 보툴리누스균이 있기 때문에 사람과 마찬가지로 소장의 발달이 충분히 이루어지지 않은 어린 반려동물들에게는 치명적일 수 있어요. 고온에서 가열 시 파괴되지만 어린 반려동물에게는 피하는 것이 좋습니다.

#### 기름
해바라기씨유나 콩으로 만든 식용유를 사용해도 되지만 항산화 작용이 뛰어난 올리브유를 추천해요. 불순물이 적고 오메가-9 지방산도 풍부해 반려동물의 건강뿐만 아니라 우리의 건강한 식습관을 위해서도 올리브유가 가장 좋겠죠? **주의해야할 오일도 있어요. 바로 포도씨유와 아보카도유입니다.** 포도에는 독성성분이 있어 개, 고양이 모두에게 급성 신부전증을 일으킨답니다. 같은 맥락으로 식초를 사용할 경우에도 포도식초는 피하세요. 아보카도유는 요즘 건강식과 베지테리언 문화가 자리잡히면서 사용하는 가정이 많아졌는데요, 아보카도에는 페르신이라는 독성성분이 있어 사람에게는 유해하지 않지만 반려동물에게는 치명적일 수 있어요.

## ( 그 외 )

### 달걀
이 책에서 달걀은 모두 '특란'을 기준으로 사용했습니다.
달걀은 필수 아미노산이 풍부해서 반려동물에게 질 좋은 단백질 급원이에요. 하지만 날달걀을 급여할 때는 주의가 필요합니다.
고양이의 경우, 날달걀의 흰자에는 '아비딘'이라는 성분이 있어 비타민 B7(비오틴)의 흡수를 방해해요. 하지만 가열 시 아비딘은 파괴되기 때문에 반드시 익혀서 급여하는 것이 좋습니다. 개에게는 해당되지 않지만 되도록 달걀을 익혀서 급여하는 것이 안전해요.

### 두부
식물성 단백질이 풍부해 펫푸드에서 많이 사용되는 두부는 부드러운 식감으로 이가 약한 노령견들에게 급여하기에도 좋고, 반려동물의 기호성도 높은 식품이에요. 하지만 집에서 직접 만드는 손두부가 아니라면 첨가물이 많이 함유되어 있기 때문에 반드시 한 번 데쳐 사용할 것을 권장해요. 또한 신장병을 앓고 있다면 피하는 것이 바람직합니다.

## ( 주의해야 할 식재료 )

### NO 무, 콜라비
일정량 이상 또는, 장기적으로 급여하면 갑상선질환을 일으킬 수 있어 주의를 필요로 하는 식재료예요. 급여할 수 없는 건 아니지만, 굳이 찾아서 급여할 필요도 없는 재료지요. 알레르기 반응을 잘 살펴보며 소량만 급여하고, 갑상선질환이 있는 반려동물에게는 급여하지 마세요.

### NO 양파, 부추, 파
양파, 부추, 쪽파, 파 등에는 반려견의 적혈구를 파괴하는 '알릴프로필 디설파이드'라는 성분이 들어있어 중독 현상을 일으켜요. 대표적인 증상은 용혈성 빈혈과 혈뇨. 가열해도 독성이 파괴되지 않기 때문에 펫푸드를 요리할 때 사용하지 않는 것은 물론, 집에서 요리할 때도 각별한 주의가 필요해요. 간혹 반려동물에게 집에서 만든 불고기나 양념갈비 등을 한두 개쯤 주기도 할 텐데요, 불고기나 갈비 양념에 양파가 들어가기 때문에 이 또한 피하세요. 생양파, 양파 가루, 양파즙, 가열된 양파도 모두 피하세요.

**NO 포도**

포도의 어떤 성분이 개에게 독성을 미치는지 과학적으로 아직 밝혀진 것은 없지만, 분명한 건 포도는 개, 고양이 모두에게 급성 신부전증을 일으켜요. 포도를 급여하면 안 된다는 사실을 잘 알고 계신 반려인들도 가끔 간과하는 것이 바로 건포도나 포도씨유입니다. 집에서 펫푸드를 요리할 때도 포도씨유 사용은 피하세요. 샤인머스캣, 청포도, 거봉 등 포도 종류는 모두 급여하지 마세요.

**NO 아보카도**

아보카도에는 '페르신'이라는 성분이 함유되어 있는데, 이는 위장장애, 설사, 심근 손상을 유발해요. 과육보다도 씨앗과 껍질에 더 많이 함유되어 있고, 지방 함량 또한 높은 과일이기 때문에 반려동물에게는 급여하지 마세요.

**NO 갑각류(게, 새우 등)**

게, 새우 등의 갑각류는 고단백 저지방 식품으로 식재료 자체로는 반려동물에게 해가 되는 건 아니에요. 하지만 염분을 많이 함유하고 있고, 알레르기 반응이 잘 나타나기 때문에 권장하지 않아요. 생새우 또한 살모넬라균이나 리스테리아균 등으로 식중독을 유발할 수 있으니 주의하세요.

**NO 오징어**

반려동물이 소화하기 굉장히 어렵고, 알레르기 반응이 많은 식재료이기 때문에 마른 오징어, 익힌 오징어 모두 급여하지 않는 것을 추천합니다. 오징어회는 물론이고 날것의 식재료는 살모넬라균 등으로 식중독을 유발할 수 있으니 주의하세요.

### NO 아사이베리

반려동물에게 '베리' 종류는 웬만하면 급여할 수 있는 식재료예요.
딸기, 블루베리, 크랜베리, 라즈베리 등 모두 기호성도 높죠.
하지만 아사이베리의 경우 '테오브로민'이라는 성분이 들어있어요.
아직 많은 연구가 이루어지지 않았기 때문에 굳이 급여하거나 장기 급여할
경우 체내에 쌓여 부정적인 영향을 끼칠 수 있어요. 블루베리나 라즈베리
등으로 대체해 급여하세요.

### NO 마카다미아

반려견에게 견과류는 지방 함량이 많아 쉽게 급여하는 식재료는 아닌데요,
그중 마카다미아는 심각한 중독증도 일으킬 수 있어요. 섭취하고 12시간
이후로 증상이 발현되는데, 소량의 경우 복통 및 구토에서 그치지만 심각할
경우 무기력, 마비, 경직, 과호흡에 거리 감각 불능까지 치명적인 증상을
유발하기 때문에 절대 급여하면 안 되는 식재료예요. 마카다미아의 독성
또한 포도처럼 아직 정확한 과학적 근거는 밝혀지지 않았습니다.

### NO 초콜릿

종류에 따라 카페인 성분은 물론 '테오브로민'이라는 성분도 들어있어요.
이는 카페인과 비슷한 성질을 가지고 있으며 반려동물 모두에게
치명적입니다. 초콜릿을 섭취한 반려동물은 극심한 구토, 설사, 과호흡 등의
증상을 나타내고 심한 경우 사망까지 이를 수 있어 각별히 주의가 필요해요.
반려동물들의 초콜릿이라고 알려진 '캐롭 가루(20쪽)'를 요리에 활용하세요.

## 펫푸드를 좀 더 쉽게 해주는 조리도구 구비하기

웬만한 조리도구들은 동일하게 사용되지만 특히 펫푸드를 만들 때 구비해두면 좋은 도구들을 소개해요.
집에 없거나 구비하기 힘들다면 대체하여 사용할 수 있는 방법을 알려드립니다.

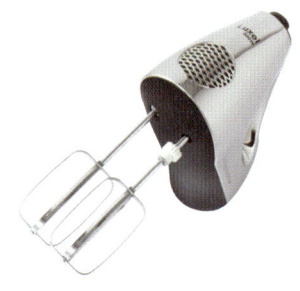

### 염도계
염분 농도를 측정하는 기계. 생략해도 무관하지만 황태, 명태, 두부 등의 염도를 빼서 요리하면 조금 더 건강한 요리를 선물할 수 있죠. 인터넷 쇼핑몰에서 쉽게 살 수 있으며 2~5만 원대로 구매 가능합니다.

### 식품 건조기
위로 쌓아서 건조하는 방식과 오븐형 건조기로 나뉘는데요. 위로 쌓아서 건조하는 방식은 위로 많이 쌓을수록 열기가 없는 위쪽은 잘 건조가 되지 않기 때문에 중간중간 위치를 바꿔주어야 합니다. 하지만 오븐형 식품 건조기는 바람이 뒤쪽에서 골고루 나오기 때문에 위치를 바꾸지 않아도 돼요. 종류는 크게 상관없지만, 처음 구매하는 것이라면 오븐형 건조기로 구매하는 것을 추천해요.

### 핸드 휘핑기
세게 저어서 거품을 내는 거품기예요. 이 책에서는 보통 달걀 머랭을 올릴 때 사용해요. 베이킹을 하지 않으면 자주 사용하는 도구는 아니니 가정용 핸드 휘핑기 3~5만 원대에 저렴한 것으로 구매해도 좋아요.
**추천 브랜드** : 럭셀

### 전자저울
1g 단위로 측정되는 전자저울을 추천해요. 가루류를 많이 사용하기 때문에 정확한 g을 잴 수 있는 전자저울은 꼭 필요해요. g과 ml를 구분할 수 있는 전자저울이라면 더욱 좋겠죠. 분말류뿐만 아니라, 재료들도 표기해둔 g에 맞춰서 따라 만들면 더욱 완성도 높은 요리를 완성할 수 있어요.

### 짤주머니
생크림이나 반죽 등을 넣고 짜는 주머니예요. 구매할 때는 일회용 짤주머니를 고르세요. 다회용 짤주머니는 위생적이지 않아 추천하지 않아요. 사이즈는 12인치, 14인치, 16인치 등 여러 종류가 있지만 책에 실린 레시피를 따라 할 때는 12인치 짤주머니로 충분합니다.

### 찜기
이 책에서는 주로 소량의 재료를 찌는 데만 사용되니 작은 사이즈로 준비해도 돼요. 주로 고구마와 단호박을 찔 때 사용되는데, 찜기가 없다면 삶아서 요리해도 무방해요. 다만 레시피 자체에 쪄서 만드는 간식은 반드시 찜기를 사용해야 합니다.

### 파운드 틀 (6×14cm)
깊이가 있는 직사각형 모양의 베이킹 틀로, 반죽을 넣고 오븐에 구워 파운드케이크를 만들 때 활용해요. 코팅이 되어 있는 다회용 오븐 파운드 틀을 구매하세요.

### 타르트 틀 (지름 12cm)
타르트 반죽의 모양을 잡을 때 사용하는 베이킹 틀이에요. 새로 구매해야 한다면 일체형보다는 밑판과 옆면이 분리되는 분리형 타르트 틀을 추천해요.

BASIC GUIDE

## 펫푸드에 많이 사용하는
## 기본 식재료 손질법 배우기

자주 사용하거나 손질이 번거로운 식재료들의 전처리 방법을 소개합니다. 미리 넉넉히 만들어 냉장, 냉동 보관해두었다가 사용해도 좋아요.

**두부 염분 제거하기**

1 냄비에 물을 끓인 후 두부를 넣고 10분간 데쳐 염분을 제거한다.
2 데친 두부는 한김 식힌 후 키친타월로 물기를 제거한다.

**명태살 염분 제거하기**

1 볼에 명태살을 넣고 명태살이 잠길 정도의 찬물을 부어 10시간 정도 담가 염분을 제거한다.
• 2~3시간 간격으로 물을 계속 교체하세요.
2 염도계가 있다면 염도계를 이용해서 염도를 0으로 맞춘다.
3 키친타월로 물기를 제거한다.

### 쇠고기 홍두깨살 손질하기

1 홍두깨살을 깨끗이 씻은 후 키친타월에 올려 물기를 제거한다.
2 지저분한 막과 지방을 제거한다.

### 오리안심 손질하기

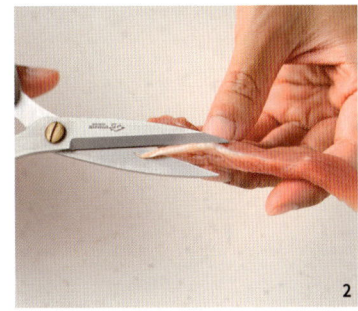

1 오리안심을 깨끗이 씻은 후 키친타월에 올려 물기를 제거한다.
2 가위로 지저분한 막과 지방을 제거한다.

### 닭가슴살 손질하기

1 닭가슴살을 깨끗이 씻은 후 키친타월에 올려 물기를 제거한다.

### 브로콜리 데치기

1 브로콜리는 끓는 물에 넣어 1분간 데친다.
2 초록색 머리 부분만 떼어내 잘게 다지거나 장식용으로 쓴다.

### 고구마 찌기

1 고구마는 껍질을 제거한다. 김이 오른 찜기에 올려 20~30분간 찐 후 한김 식힌다.

### 단호박 찌기

1 단호박의 속을 파낸 후 김이 오른 찜기에 올려 15~20분간 찐다.
2 한김 식힌 후 단호박의 껍질과 살을 분리한다.

### 타르트 시트 굽기

1 분량은 각 레시피를 참고해 준비한다. 볼에 박력 쌀가루, 코코넛 가루, 달걀을 넣고 골고루 반죽한다.
2 반죽은 밀대를 이용해 0.5cm 두께로 밀어 편다.
3 타르트 틀에 넣고 모양을 잡는다.
4 160℃로 예열된 오븐에서 10분간 구운 뒤 식힘망에 올려서 식힌다.

### 짤주머니에 반죽 넣기

1 짤주머니 앞부분을 커플러가 1/3 정도 나올 만큼 잘라낸다.
2 커플러를 짤주머니 안쪽에 넣어 빠지지 않도록 끼운다.
3 원하는 깍지를 끼우고 커플러 마개로 잠근다.
 • 커플러만 끼워 사용하기도 해요.
4 반죽을 담고 스크래퍼로 밀어 반죽을 앞쪽으로 채운다.
5 짤주머니 뒷부분을 돌돌 말아 반죽이 밀려 나오지 않도록 한다.

## Q&A
## 가장 많이 묻는 질문과 답변

반려인들이 가장 많이 궁금해하는 질문들을 모았습니다.
반려동물들의 건강과 식생활에 관련된 내용이니
애매했던 부분이나 헷갈렸던 내용들을 이번 기회에
제대로 짚어보세요.

**Q** 알레르기 반응이 나타날까 봐 걱정돼요.

**A** 알레르기는 면역체계가 과잉으로 발동해 나타나는 질환이에요. 여러 종류가 있는데, 반려인들이 가장 걱정하는 것은 음식을 먹고 생기는 식이 알레르기입니다. 식이 알레르기의 경우, 짧은 시간 안에 반응이 나타나기 때문에 급여 후 30분 이내에 반응을 살필 수 있어요.

간지러움을 동반하는 피부 발적 현상이 대표 증상이지요. 평균적으로 개와 고양이 모두에게 알레르기를 가장 많이 일으키는 육류는 쇠고기입니다. 콩과 밀가루도 알레르기를 잘 일으키는 편이에요. 고양이는 생선에도 알레르기 반응을 보이는데요, 이는 반려동물마다 차이가 큽니다.

병원에서 실시하는 알레르기 검사도 하나의 확인법이지만, 정확도가 높지는 않아요. 가장 확실한 것은 우리가 관심을 가지고 반려동물의 알레르기 발현 여부를 살펴보는 것입니다. 따라서 처음 먹이는 식재료의 경우에는 소량만 급여한 후 이상 반응이 없는지 잘 확인해야 위험성을 낮출 수 있겠죠. 반려동물은 말을 할 수 없어요. 그렇기 때문에 우리가 할 수 있는 최소한의 관심과 노력으로 반려동물들이 불편하지 않게 도와주세요.

## Q 반려동물 건강에 사료가 더 좋은 것 아닌가요? 사람 음식을 먹여도 되나요?

A 좋은 재료들로 영양가 넘치는 수제 간식을 만들어 주변 반려인들에게 선물하려고 하면 생각보다 많은 분들이 "마음은 고마운데 우리 애들은 사람 먹는 거 안 줘", "강아지 오래 살리려면 사람 음식 먹이면 안돼"라는 반응을 보이세요. 하지만 맹신하는 그 사료를 무엇으로 만드는지 알고 있는지 물어보면 제대로 아는 분이 거의 없지요.

사료 또한 수제 간식을 만들 때와 마찬가지로 사람도 먹을 수 있는 식재료로 제조한답니다. 건사료의 경우, 식재료들을 적절히 배합해 고온 고압으로 팽창시켜 우리가 아는 형태로 만들어요. 매일 급여하기 편하고, 보관이 용이하게 제조하는 것이지요. 이때 유통기한도 늘리고 쉽게 변질되지 않도록 여러 첨가물이 불가피하게 들어가요. 이들이 모두 나쁘다고 할 수는 없지만, 일부 제품은 반려동물에게 해가 되는 첨가물이 들어갈 수도 있어요.

저도 사료에 대한 무조건적인 신뢰가 있었고, 평생 사료만 먹여야 한다고 생각했었어요. 하지만 반려동물 영양학을 공부하다보니 이들에게 먹여서는 안되는 '사람 음식'이란 사람이 먹기 좋게 설탕, 소금, 마늘, 후추 등 갖가지 양념들로 간을 한 음식들이지 좋은 식재료를 먹여서는 안 된다는 의미는 아니라는 것을 알았답니다.

쇠고기가 주원료인 사료는 쉽게 구매해 급여하지만 쇠고기로 만든 수제 펫푸드는 먹이면 안된다고 생각하는 분들이 있는데, 양념이 된 사람용 소불고기는 당연히 안되지만 이 책에 소개한 것처럼 반려동물에 맞춰 신선한 재료로 정성껏 요리한 펫푸드는 오히려 영양이나 건강에 긍정적인 영향을 줄 수 있어요. 그렇기 때문에 무조건 사람 음식을 주면 안 된다는 인식은 잘못된 것이랍니다.

저희는 반려동물이 평생 하나의 식감과 맛만 느끼고, 딱딱한 사료만 먹는 것이 행복하지 않을 것 같았어요. 말랑한 식감, 바삭한 식감, 쫄깃한 식감, 부드러운 식감 등 다양한 식감들을 즐기고 그들의 삶의 질이 더 높아졌으면 하는 마음으로 오늘도 펫푸드를 요리한답니다.

## Q 펫밀크와 락토프리 우유, 헷갈려요!

A 펫푸드에서 많이 사용하는 식재료 중 하나가 바로 '락토프리 우유'인데요, 유당이 없는 우유이기 때문에 유당을 분해하기 힘든 반려동물을 위해 사용하고 있어요. 사람도 우유를 먹으면 괜찮은 사람이 있는가 하면, 배가 아픈 유당불내증 환자들이 있죠? 이처럼 반려동물들의 유당 분해 능력도 모두 다르겠지만, 말 못 하는 반려동물이기 때문에 리스크를 최대한 줄이기 위해 락토프리 우유를 사용합니다.

간혹 펫밀크를 사용해야 하는 것 아니냐고 물어보는 분들도 있어요. 펫밀크 또한 사람이 먹는 락토프리 우유처럼 유당이 제거된 우유예요. 당연히 펫밀크로 대체해 요리해도 됩니다. 펫밀크는 법적으로 반려동물 전용 사료에 들어가기 위해 성분 검사나 성분등록 등을 거치기 때문에 락토프리 우유보다는 상대적으로 비싸요. 따라서 반려동물에게 우유를 급여하고자 할 때는 시중에 판매되는 락토프리 우유를 활용해도 충분합니다.

**Q** 입맛이 없는지 잘 먹지 않아요. 어떻게 하죠?

**A** 반려동물이 입맛이 없는 경우는 보통 아플 때, 스트레스를 받을 때, 더위를 탔을 때로 나눌 수 있어요. 아플 때는 반드시 병원 진료를 받고 처방식 사료 또는 치료를 받게 해야 합니다. 스트레스로 입맛이 없는 경우에는 기호성이 높은, 즉 좋아하는 음식을 1회성으로 급여하는 것이 어느 정도 도움이 돼요. 단, 고지방 식품은 췌장질환 등을 초래할 수 있으니 지속적으로 급여하지는 마세요. 스트레스 상황에서는 수분 섭취도 줄어들기 때문에 수분기가 있는 펫푸드를 먹어 음수량도 함께 채워주면 좋아요. 이 책에서는 닭가슴살 치즈 소시지(86쪽), 멍냥치킨(88쪽), 오리안심 떡갈비 스테이크(94쪽), 톳 오리안심 테린(96쪽) 등이 해당됩니다.

혹 음식을 거부할 경우에는 딱딱한 음식보다 부드러운 음식을 체온 정도로 따뜻하게 데워 반려동물의 후각을 자극하면 조금 더 기호성을 높일 수 있어요. 만약 반려동물이 혼자 있는 시간이 길어져 스트레스를 받았다면 건조 간식도 도움이 되겠지만, 충분한 산책과 반려인과의 교류로 스트레스를 해소하는 것이 가장 좋겠죠.

마지막으로 더위에 지쳐 입맛이 없을 경우에는 수분이 풍부한 음식을 반려동물의 기호에 맞춰 급여하세요. 이 책에 소개한 미네스트로네 수프(116쪽), 꼬꼬 단호박 당근 수프(118쪽), 명태 양배추 콜리플라워 수프(120쪽) 등을 냉장고에서 차갑게 식혀 급여하거나 반려견의 경우에는 수박 오이 스무디(72쪽), 블루베리 요거트 스무디(74쪽) 등을 급여하면 좋아요.

**Q** 아플 때, 수술이나 출산을 했을 때 뭘 먹여야 하나요?

**A** 반려동물이 아픈 이유에 따라 사용해야 할 식재료와 레시피가 달라질 수 있겠지만, 가장 대표적인 경우를 예로 들어 안내할게요.

우선 개와 고양이에게 가장 흔한 질병인 '만성 신장병'의 경우에는 단백질과 인의 섭취를 제한해야 합니다. 하지만 단백질은 꼭 필요한 영양소라서 질병 관리로 식단 조절을 하다가 영양 밸런스가 깨질 수 있어요. 한마디로 단백질을 무조건적으로 제한하는 것에는 위험이 따를 수 있는 것이죠. 따라서 신장병이 있는 경우에는 수의사 처방 하에 처방식 사료를 먹이되, 직접 음식을 만들어주고 싶을 때는 염분과 수산 함량이 높은 식재료들을 피하세요. 두부, 시금치, 고단백 육류, 달걀, 우유 등 거의 대부분의 식품이 제한되죠. 그래서 신장병은 반려동물도, 반려인도 고통스러워하는 질병 중 하나입니다. 이를 예방하기 위해서는 평소 음수량을 잘 채워주고, 단백질 섭취가 과잉이 되지 않도록 적정 칼로리를 급여하는 등 주의가 필요합니다. 이때 음수량을 채우기 위해 물 대신 과일을 섭취하는 것은 피해야 해요.

심장병이 있는 경우에는 칼륨과 나트륨이 많은 음식, 짠 음식을 피해야 합니다. 그 외 질환으로 인해 식이를 제한해야 하는 경우, 영양학적 지식 없이 급여를 조절했다가 영양소 과잉이나 결핍을 초래해 오히려 질환을 악화시킬 수 있으니 반드시 수의사 상담을 통해 필요한 경우에는 처방식 사료를 급여하고, 그 외 간식이나 음식을 주지 않도록 하세요.

반려동물이 수술, 질병, 출산 등으로 기력이 없을 때는 닭고기가 듬뿍 들어간 닭죽, 쇠고기나 황태 미역국, 북엇국 등을 만들어주면 보양이 되어 기력을 되찾는데 도움이 됩니다. 도움이 되는 메뉴들을 목차(4쪽)에 아이콘으로 소개했으니 참고하세요.

### Q 인공색소를 사용하면 안 되나요?

**A** 인공색소에는 여러 가지 합성 첨가물들이 들어있기 때문에 반려동물뿐만 아니라 인체에도 해롭다고 알려져 있어요. 특히 '소르빈산'이라는 성분은 허용범위를 넘어서는 순간 독성을 나타내요. 음식을 오랜 기간 보존하기 위해 사용되는 첨가물인데, 사람보다 훨씬 작은 아이들의 몸에 이런 성분이 쌓이면 큰일이겠죠. 또한 적색이나 황색을 내는 인공색소에는 '타르' 성분이 거의 필수로 들어가죠. 타르는 대표적인 발암물질로 알려져 있어요. 이러한 인공색소는 당연히 유해하기 때문에 최대한 천연 가루로 대체해 만들어주세요. 또한 천연 가루라고 해서 반드시 안전한 것이 아니라는 것도 기억하세요. 어떤 식재료든 리스크는 생길 수밖에 없고, 이에 관한 공부는 급여를 하는 반려인들의 몫이랍니다.

반드시 기억해야 할 것은 '조색'은 사람을 위한 것이지, 반려동물을 위한 것은 아니에요. 반려동물은 사람처럼 다양한 색을 구분할 수 없답니다. 그렇기 때문에 사람의 욕심으로 예쁜 색감을 내기 위해서 인공색소를 사용하는 것은 반려동물을 위한 일이 아니라는 것, 기억하세요!

### Q 시판 수제 펫푸드를 구입할 때 주의할 점이 있나요?

**A** 직접 만드는 것이 아니라 수제 간식 등을 전문 매장에서 구매해 먹이려고 한다면, 이들 매장은 '단미사료 제조업 법령'을 따르는 곳들이 많기 때문에 일반 사료와 다르게 유통기한이나 제품의 변질을 막기 위한 보존제, 첨가물 등을 넣을 수가 없어요.

그래서 좋은 점도 있지만 잘못 보관하면 변질될 수 있겠죠. 특히 촉촉한 간식일수록 수분이 많아 건조 간식에 비해 변질될 위험성이 커요. 반드시 위생적인 환경에서 만들어진 수제 간식을 구입하고 유통기한을 철저히 지켜 급여하세요. 또한 냉동 펫푸드는 해동과 재냉동을 반복하면 변질 가능성이 더 높아지니 주의하세요.

### Q 뼈 간식은 정말 위험한가요?

**A** 제가 유일하게 반려동물에게 급여하지 않는 간식이 뼈 간식입니다. 위험성이 굉장히 높기 때문이에요. 뼈는 반려동물 턱의 힘으로 부수는 것이기 때문에 치아의 에나멜이 깨지기도 하고, 치아가 파절되는 경우도 정말 많아요. 하지만 뼈 간식이 치석을 제거한다는 이유로 유행처럼 급여하는 분들이 많아졌죠. 특히 대형견의 경우 뼈 간식은 스트레스 해소에 도움이 된다는 이야기도 많이 하고요.

치석 제거는 치석 제거 껌이나 양치질을 잘 시켜주면 됩니다. 스트레스 해소 또한 굳이 뼈 간식을 이용해서 할 필요는 없어요. 충분한 산책과 터그 놀이 등으로 대체할 수 있죠. 또한 뼈의 날카로운 부분은 장기 손상이나 출혈을 유발할 수 있고, 식도 파열이나 장 폐색으로 사망까지 이어질 수 있어요. 이렇게 리스크가 큰 뼈 간식은 급여하지 않는 것이 바람직합니다. 이를 대체할 수 있는 건조 간식을 직접 만들어 급여하는 것은 어떨까요?

# TOPPING AND SNACK

펫푸드에 두루두루 활용 가능한 다양한 토핑과
댕냥이들의 입맛을 사로잡는 간식

# 코티지 치즈

| 대상 | 급여 | 식감 | 칼로리 |
|---|---|---|---|
| ☑ 개 ☑ 고양이 | ☑ 간식 ☐ 식사 대체 | 크리미, 부들부들 | 총 550kcal |

여러 간식에 데코레이션으로 활용할 수 있는 개 & 고양이 전용 코티지 치즈입니다. 완성된 코티지 치즈는 밀폐용기에 넣어 냉장 보관하면 5일간 급여할 수 있어요. 단, 냉동 보관은 피하세요. 유당 소화가 힘든 친구들을 위해 유당이 없는 락토프리 우유를 이용했고 유청까지 제거해서 만들었답니다.

**조리 시간 10분**
- 락토프리 우유 5컵(1ℓ)
- 양조식초 1/3컵(70㎖)

1 냄비에 락토프리 우유를 넣고 센 불에서 끓인다.

2 우유의 거품이 가장자리부터 끓어올라 가운데로 모이면 불을 끈 후 양조식초를 넣는다.
• 이때, 우유는 순식간에 끓어 넘칠 수 있으니 주의하세요.

3 주걱으로 락토프리 우유와 식초를 잘 섞는다.

4 면포를 물에 적신 뒤, 체반에 올려 ③을 천천히 부어 거른다. 반나절 동안 유청을 뺀 후 사용한다.

- 우유는 순식간에 끓어 넘칠 수 있어요. 우유가 거의 끓을 때쯤에는 자리를 벗어나지 말아주세요.
- 유청을 제대로 빼지 않을 경우 묽은 식감의 치즈가 됩니다. 더욱 꾸덕한 식감의 치즈를 만들고 싶다면 하루 이상 유청을 걸러준 뒤에 사용하세요.
- 식초의 종류는 크게 상관 없지만, 포도식초는 절대 사용하지 마세요.

# 다용도 두부크림

**대상**
☑ 개 ☑ 고양이

**급여**
☑ 간식 ☐ 식사 대체

**식감**
크리미, 부들부들

**칼로리**
총 610kcal

코티지 치즈를 이용해 개 & 고양이 전용 크림을 만들어보세요. 반려동물의 생일에 만들어 줄 케이크에도, 여러 간식에도 활용 만점이랍니다. 밀폐용기에 넣어 냉장 보관해두면 5일간 급여할 수 있어요. 냉동 보관은 안되니 가급적 빨리 급여하세요. 크리미한 식감에 고소한 맛이 듬뿍! 날름날름 먹는 아이들의 귀여운 모습에 뿌듯할 거예요.

**조리 시간 15분**
☐ 코티지 치즈 120g(만들기 38쪽)
☐ 두부 1/4모(70g)

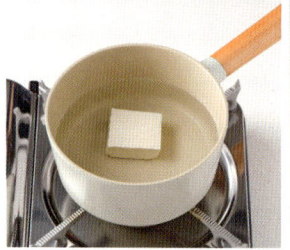

1 냄비에 물을 끓인 후 두부를 넣고 10분간 데쳐 염분을 없앤다.

2 데친 두부는 한 김 식힌 후 키친타월로 물기를 꽉 짠다.

3 핸드블렌더에 코티지 치즈, 두부를 넣어 곱게 간다.
• 원하는 부드러운 질감이 나올 때까지 곱게 갈아주세요.

• 두부의 종류는 크게 상관 없지만, 단단한 부침용 두부를 사용하면 크림의 질감이 좀 더 단단해집니다.

TOPPING & SNACK  41

# 시금치 가루

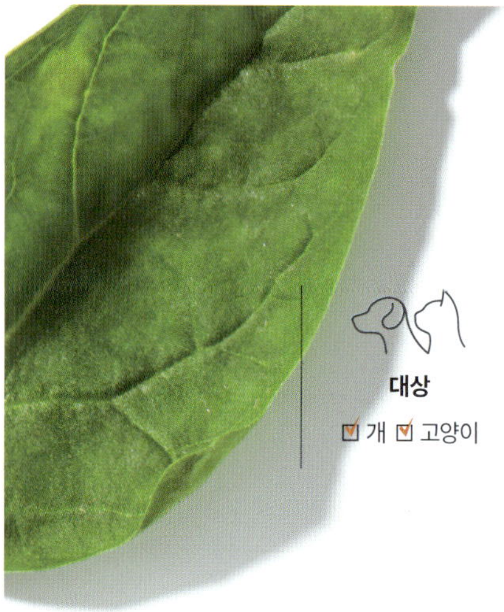

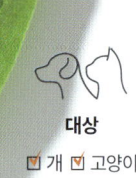 **대상** ☑ 개 ☑ 고양이

 **급여** ☑ 간식 ☐ 식사 대체

 **식감** 바삭바삭

 **칼로리** 총 90kcal

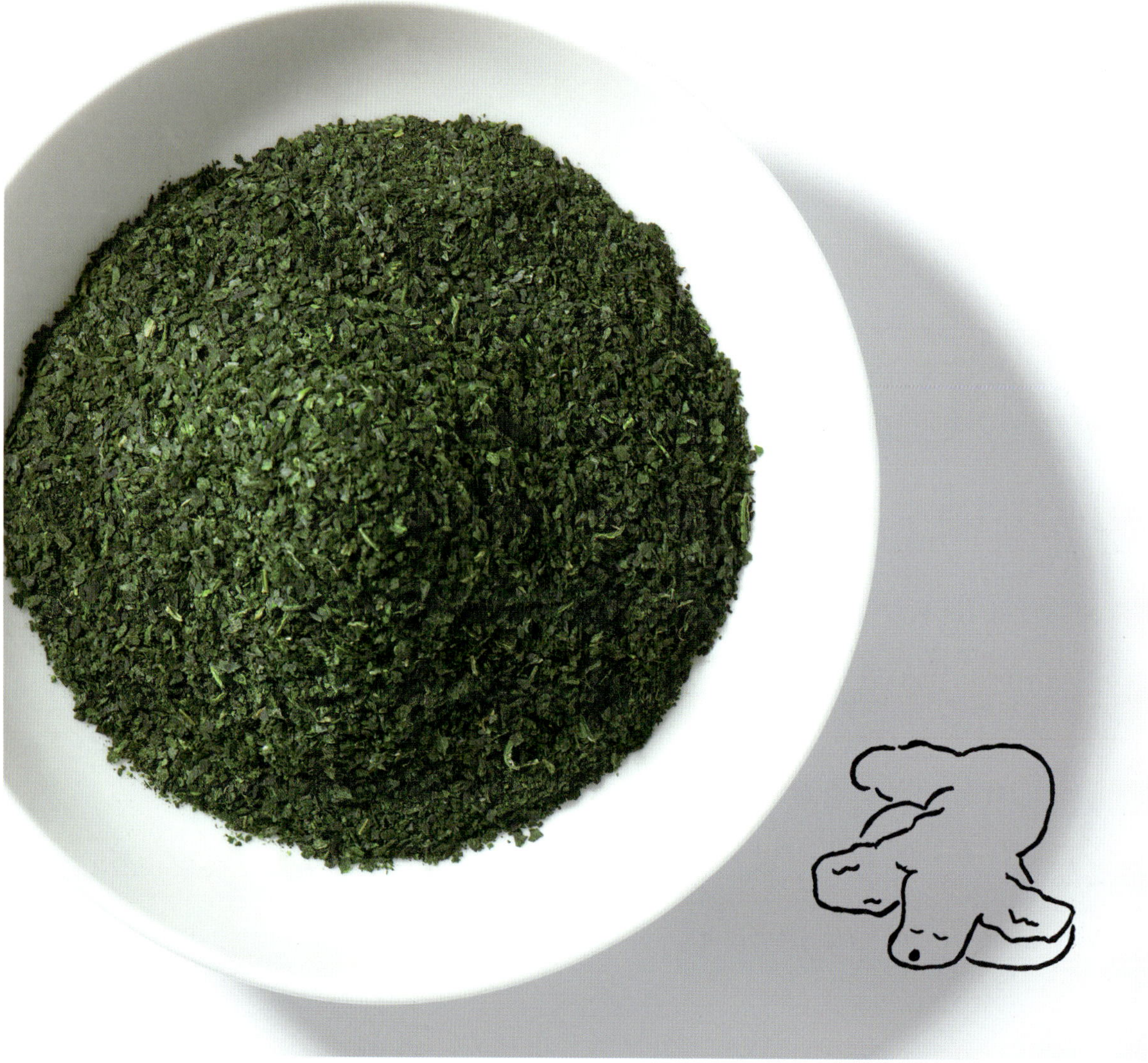

항산화 작용이 풍부한 시금치! 사료나 간식에 토핑으로 뿌려주기 좋은 시금치 가루를 직접 만들어보세요.
칼슘이 풍부하지만, 신장이 안 좋거나 결석이 있는 반려동물에게는 과잉 급여하지 말아 주세요. 밀폐용기에 넣어서 냉동 보관하면 5개월 이상 급여 가능합니다.

**조리 시간 5시간**
- 시금치 1단(300g)
- 양조식초 1/3컵(60㎖)

1 시금치는 잎사귀 부분만 사용한다. 볼에 시금치가 잠길 만큼 찬물을 붓고, 식초를 넣어 섞은 후 손질한 시금치를 담가 세척한다.

2 냄비에 시금치가 잠길 만큼의 물을 넣고 끓인 후 시금치를 넣어 숨이 죽을 정도로 15~20초간 데친다.

3 데친 시금치를 찬물에서 헹군 후 물기를 꽉 짠다.

4 식품 건조기 트레이 위에 종이 포일을 깔고 시금치를 한 장씩 펼쳐서 올린다.

5 40℃의 식품 건조기에서 5시간 동안 건조시킨다.

- 식초의 종류는 크게 상관 없지만, 포도식초는 절대 사용하지 말아주세요.
- 시금치는 수산의 함량이 높은 편이라 장기간 급여 시 몸에 쌓이고, 다른 미네랄의 흡수를 방해하기도 합니다. 따라서 생으로 급여하거나 생으로 건조해서 사용하지 않고, 반드시 물에 한 번 데쳐서 건조시키세요.

6 핸드블렌더에 건조된 시금치를 넣고 곱게 간 뒤 고운 체에 한 번 더 걸러서 사용한다.

# 무염 황태 가루

| 대상 | 급여 | 식감 | 칼로리 |
|---|---|---|---|
|  ☑ 개 ☑ 고양이 |  ☑ 간식 ☐ 식사 대체 |  바삭바삭 | 37kcal/10g |

아이들의 기호성이 굉장히 높은 황태채는 사료 위에 뿌려주거나 간식으로도 많이 급여하죠? 하지만 시판 황태채는 염분이 높아서 짠맛을 잘 못 느끼는 반려동물에게는 치명적일 수 있어요. 조금 번거롭더라도 염분을 제거한 건강한 황태 가루를 만들어주세요. 완성된 황태 가루는 밀폐용기에 넣고 냉동 보관하면 6개월가량 급여가 가능하답니다.

**조리 시간 16시간**
☐ 황태채 500g

1 볼에 황태채와 잠길 정도의 찬물을 붓는다. 2~3시간 간격으로 물을 교체하며 10시간 동안 담가 염분을 없앤다.
• 염도계가 있다면 염도를 0으로 맞춰요

2 식품 건조기 트레이 위에 종이 포일을 깔고, 황태채를 펼쳐서 올린다.

3 60°C의 온도에서 6시간 건조한다.

4 핸드블렌더에 건조된 황태채를 넣고 곱게 갈아준 뒤 고운 체에 한 번 더 걸러서 사용한다.

- 황태채는 손질 황태채로 고르세요. 황태에 남아 있는 가시가 건조되면서 더욱 뾰족하고 딱딱해져서 아이들의 잇몸을 다치게 할 수 있습니다. 손질되지 않은 황태채를 구매한 경우에는, 가시나 지느러미 등을 잘 제거한 후에 사용하세요.
- 황태채의 염분을 제거할 때 염도계를 이용해서 염도를 0으로 맞춰주면 좋아요.

# 소간 가루

| 대상 | 급여 | 식감 | 칼로리 |
|---|---|---|---|
| ☑ 개 ☑ 고양이 | ☑ 간식 ☐ 식사 대체 | 오도독 | 13kcal/10g |

비타민A가 풍부한 소간은 피부와 눈 점막을 건강하게 보호해줍니다. 눈 점막이 약해서 눈물이 많은 반려동물들의 눈물을 잡기에도 좋지요. 기호성도 높아 사료나 간식 위에 토핑으로 솔솔 뿌려주면 영양 만점 인기 만점 간식이에요. 밀폐용기에 담아 냉동 보관하면 6개월간 급여가 가능해요.

**조리 시간 10시간**
☐ 소간 500g

1 소간을 흐르는 물에 한 번 헹군 뒤 키친타월을 이용해 물기를 없앤다. 소간의 지저분한 지방과 막을 칼로 도려낸다.

2 소간은 0.3cm 두께로 얇게 썬다.

3 식품 건조기 트레이 위에 종이 포일을 깔고 소간을 올린다. 70℃에서 5시간 건조한 후 한 번 뒤집어 5시간 더 건조한다.

4 핸드블렌더에 건조된 소간을 넣고 곱게 간 뒤 고운 체에 한 번 더 걸러서 사용한다.

- 소간은 물컹물컹하기 때문에 살짝 얼리면 좀 더 쉽고 안전하게 손질할 수 있어요.
- 말린 소간을 갈지 않고 그대로 급여하면 건조 소간 칩이 됩니다.
- 연어, 닭가슴살, 오리안심 등을 이용해서 동일한 방법으로 칩이나 가루를 만들 수 있어요.

06

# 닭가슴살 스틱

| 대상 | 급여 | 식감 | 칼로리 |
|---|---|---|---|
| ☑ 개 ☑ 고양이 | ☑ 간식 ☐ 식사 대체 | 딱딱, 쫄깃쫄깃 | 총 390kcal |

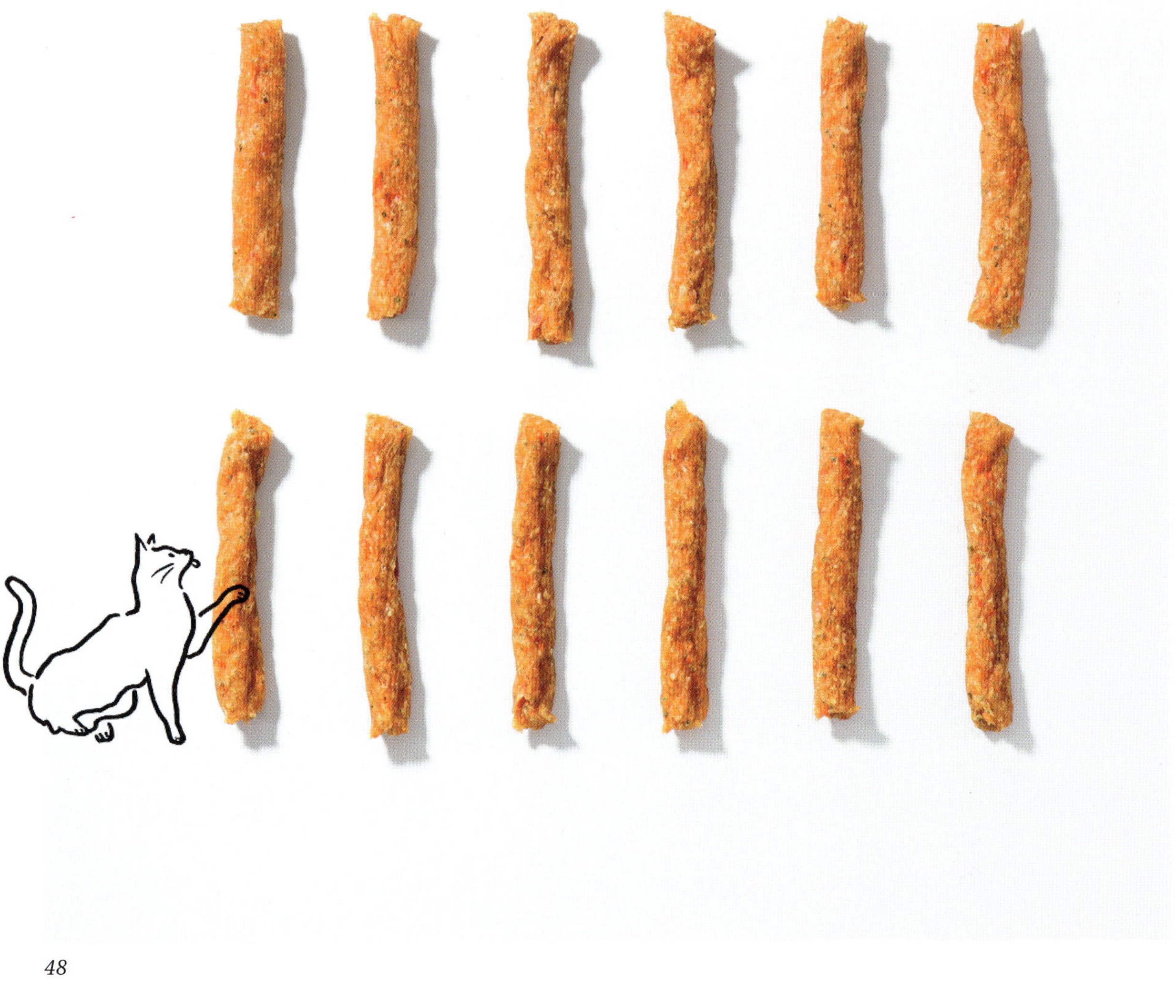

스트레스 해소용으로도 좋은 건조 간식을 이제 집에서 직접 만들어주세요. 닭가슴살은 칼로리는 낮고 단백질 함량은 높죠. 평소 잘 먹지 않는 채소를 곱게 다져서 만들어주면 얼마나 잘 먹는지 몰라요. 채소를 레시피보다 더욱 듬뿍 넣어도 돼요. 냉장고에 있는 자투리 채소를 활용해도 좋아요.

---

**조리 시간 8시간**
- 닭가슴살 2개(300g)
- 당근 1/10개(20g)
- 브로콜리 1/10개(20g)
- 파프리카 1/6개(20g)
- 코코넛 가루 1큰술(생략 가능)

1 닭가슴살을 깨끗이 씻은 후 키친타월로 물기를 없앤다.

2 핸드블렌더로 닭가슴살을 곱게 간다.

3 당근, 브로콜리, 파프리카는 잘게 다진다.
- 핸드블렌더로 갈아도 좋지만 파프리카는 수분 함량이 많아서 칼로 다지는 것을 추천해요.

4 볼에 닭가슴살과 채소, 코코넛 가루를 넣고 골고루 치댄다.

5 짤주머니에 커플러를 끼운 후 반죽을 넣는다.
- 짤주머니에 반죽 넣기 31쪽 참고

6 식품 건조기 트레이 위에 종이 포일을 깔고 원하는 길이로 반죽을 짠다. 70°C에서 4시간 건조한 후 한 번 뒤집어 4시간 더 건조한다.

- 핸드블렌더가 없다면 믹서를 이용해도 괜찮아요.
- 다양한 모양의 깍지를 이용해 응용해도 좋아요.
- 길이와 모양은 기호에 따라 얼마든지 변형해서 만들 수 있어요.

# 닭가슴살 칩

| 대상 | 급여 | 식감 | 칼로리 |
|---|---|---|---|
| ☑ 개 ☑ 고양이 | ☑ 간식 ☐ 식사 대체 | 바삭바삭, 쫄깃쫄깃 | 총 390kcal |

50

바삭바삭! 소리가 나는 과자를 먹을 때면 옆에서 애처로운 눈으로 쳐다보는 우리 반려동물들. 바삭한 식감도 알려줘야겠죠? 같은 건조 간식이어도 다른 식감을 아이들에게 알려주고 싶어서 만들게 되었어요. 가득 만들어 밀폐용기에 담아두고 하나씩 주기 좋은 닭가슴살 칩을 소개합니다.

**조리 시간 5시간**
- 닭가슴살 2개(300g)
- 당근 1/10개(20g)
- 브로콜리 1/10개(20g)
- 파프리카 1/6개(20g)
- 코코넛 가루 1큰술(생략 가능)

1 손질한 닭가슴살은 핸드블렌더로 곱게 간다.
- 닭가슴살 손질하기 29쪽 참고

2 당근, 브로콜리, 파프리카는 잘게 다진다.
- 핸드블렌더로 갈아도 좋지만 파프리카는 수분이 많아서 칼로 다지는 것을 추천해요.

3 볼에 닭가슴살과 채소, 코코넛 가루를 넣고 골고루 치댄다.

4 도마 위에 랩을 깔고, 반죽을 올린 뒤 윗면도 랩으로 덮는다. 밀대로 밀어 0.5cm의 두께로 반죽을 펼친다.

5 윗면의 랩을 제거하고 지름 5cm 정도의 원형 쿠키 틀로 반죽을 찍는다.

- 기호에 따라 다른 채소를 더 넣어도 좋아요.
- 크기와 모양에 구애받지 마세요. 기호에 따라 반죽의 두께를 조절할 수 있고, 쿠키 틀이 없다면 소주잔을 활용해도 좋아요.

6 식품 건조기 트레이 위에 종이 포일을 깔고, 반죽을 겹치지 않게 올린 후 70°C에서 3시간 동안 건조한 후 한 번 뒤집어 2시간 더 건조한다.

# 반건조 닭안심 스테이크

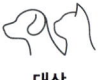   

| 대상 | 급여 | 식감 | 칼로리 |
|---|---|---|---|
| ☑ 개 ☑ 고양이 | ☑ 간식 ☐ 식사 대체 | 쫄깃쫄깃, 부드러움 | 총 200kcal |

딱딱한 건조 간식은 아이들의 스트레스 해소 및 치아 건강에 도움이 됩니다. 하지만 수분함량이 낮아서 더위에 지쳐있거나 차 안에서 멀미할 경우에는 갈증을 유발할 수 있어요. 이럴 때 급여하기 좋은 간식을 소개해요. 바로 촉촉하게 결대로 찢어지는 닭안심 스테이크를 만들어보세요. 우리가 평소에 먹는 훈제 닭고기처럼 쫄깃하고 촉촉하면서 부드러운 식감을 선물하세요.

**조리 시간 4시간**
☐ 닭안심 200g
☐ 시금치 가루 1/2작은술(생략 가능, 만들기 42쪽)

1 닭안심을 깨끗이 씻은 후, 키친타월로 물기를 없앤다.

2 김이 오른 찜기에 면포를 깔고 닭안심을 올려 센 불에서 5분간 찐다.

3 식품 건조기 트레이 위에 종이 포일을 깔고, 쪄 둔 닭안심을 올린다.

4 시금치 가루를 닭안심 위에 뿌린다. 60°C에서 2시간 건조한 후 한 번 뒤집어 2시간 더 건조한다.

- 찜기에 찌는 과정을 꼭 거쳐야만 속까지 부드럽게 익힐 수가 있어요. 번거롭더라도 찐 후에 식품 건조기에서 조리하세요.
- 시금치 가루 대신 무염 황태 가루(44쪽)나 파슬리 가루를 뿌려도 괜찮아요. 다만 파슬리 가루는 브로콜리처럼 꼬불꼬불하게 생긴 파슬리가 아닌, 길쭉한 이탈리안 파슬리를 사용해야 해요.
- 닭안심 대신 닭가슴살로 대체해도 좋습니다.

# 오리안심 스틱

|  |  |  |  |
|:---:|:---:|:---:|:---:|
| **대상** | **급여** | **식감** | **칼로리** |
| ☑ 개 ☐ 고양이 | ☑ 간식 ☐ 식사 대체 | 딱딱, 쫄깃쫄깃 | 총 480kcal |

## 10

# 오리안심 칩

| 대상 | 급여 | 식감 | 칼로리 |
|---|---|---|---|
| ☑ 개  ☑ 고양이 | ☑ 간식  ☐ 식사 대체 | 바삭바삭, 쫄깃쫄깃 | 총 480kcal |

## 오리안심 스틱

항산화 물질이 풍부한 오리고기! 피부, 피모 건강에 좋은 오리고기를 이용해서 건조 간식을 만들어 주세요. 쫄깃쫄깃한 식감이라 반려동물들의 스트레스 해소에도 좋답니다.

**조리 시간 8시간**
- 오리안심 300g
- 당근 1/10개(20g)
- 브로콜리 1/10개(20g)
- 파프리카 1/6개(20g)
- 코코넛 가루 1큰술(생략 가능)

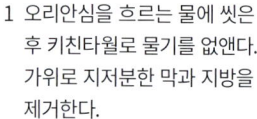

1 오리안심을 흐르는 물에 씻은 후 키친타월로 물기를 없앤다. 가위로 지저분한 막과 지방을 제거한다.
- 오리안심 손질하기 29쪽 참고

2 손질한 오리안심을 핸드블렌더로 곱게 간다.

3 당근, 브로콜리, 파프리카는 잘게 다진다.
- 핸드블렌더로 갈아도 좋지만 파프리카는 수분이 많아서 칼로 다지는 것을 추천해요.

4 볼에 오리안심과 채소, 코코넛 가루를 넣고 골고루 치댄다.

5 짤주머니에 커플러를 끼운 후 반죽을 넣는다.
- 짤주머니에 반죽 넣기 31쪽 참고

- 기호에 따라 다른 채소를 더 넣어도 좋아요.
- 다양한 모양의 깍지를 이용해 여러 가지 모양으로 만들어도 좋아요.
- 길이와 모양은 기호에 따라 얼마든지 변형해서 만들 수 있어요.

6 식품 건조기 트레이 위에 종이 포일을 깔아준 뒤, 원하는 길이로 반죽을 짠다. 70°C에서 4시간 건조한 후 한 번 뒤집어 4시간 더 건조한다.

## 오리안심 칩

기다란 스틱 모양도 좋지만 칩으로 만들면 두께가 얇아서 좀 더 바삭해져요. 같은 건조 간식이라도 아이들에게 또 다른 식감을 선물해줄 수 있어요. 채소를 잘 먹지 않는 친구들도 채소 섭취를 늘릴 수 있는 오리안심 칩을 만들어보세요.

**조리 시간 5시간**
- 오리안심 300g
- 당근 1/10개(20g)
- 브로콜리 1/10개(20g)
- 파프리카 1/6개(20g)
- 코코넛 가루 1큰술(생략 가능)

1 손질한 오리안심을 핸드블렌더로 곱게 간다.
  • 오리안심 손질하기 29쪽 참고

2 당근, 브로콜리, 파프리카는 잘게 다진다.
  • 핸드블렌더로 갈아도 좋지만 파프리카는 수분이 많아서 칼로 다지는 것을 추천해요.

3 볼에 오리안심과 채소, 코코넛 가루를 넣고 골고루 치댄다.

4 도마 위에 랩을 깔고, 반죽을 올린 뒤 윗면도 랩으로 덮는다.

5 반죽을 밀대로 밀어서 0.5cm의 두께로 펼친다. 윗면의 랩을 제거하고 지름 5cm 정도의 원형 쿠키 틀로 반죽을 찍는다.

6 식품 건조기 트레이 위에 종이 포일을 깔고, 반죽을 올린 후 70℃에서 3시간 건조한 후 한 번 뒤집어 2시간 더 건조한다.

- 기호에 따라 다른 채소를 더 넣어도 좋아요.
- 크기와 모양에 구애받지 마세요! 기호에 따라 반죽의 두께를 조절할 수 있고, 쿠키 틀이 없다면 소주잔을 활용하세요.

# 오리 근위 육포

|  |  |  |  |
|:---:|:---:|:---:|:---:|
| **대상** | **급여** | **식감** | **칼로리** |
| ☑ 개 ☑ 고양이 | ☑ 간식 ☐ 식사 대체 | 딱딱, 쫄깃쫄깃 | 총 425kcal |

오리 근위는 반려동물들에게 흥미로운 식감을 자극해요. 평소 잘 접하지 못했던 식재료를 이용해서 다양한 맛을 경험시켜주세요. 똑같이 '쫄깃함'이라고 표현할 수 있지만 닭고기, 오리고기, 쇠고기와는 또 다른 쫄깃한 식감을 선사하는 오리 근위랍니다. 시금치 가루도 함께 뿌려 더욱 건강하게 만들어보세요.

**조리 시간 10시간**
☐ 오리 근위 400g
☐ 시금치 가루 1작은술(생략 가능, 만들기 42쪽)

1 오리 근위를 깨끗이 씻은 후 키친타월로 물기를 없앤다.

2 가위로 오리 근위에 붙어있는 지저분한 막을 제거한다.

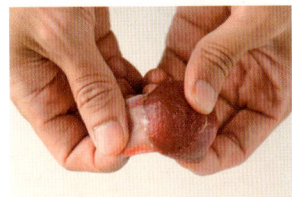

3 사진처럼 오리 근위 1/3 지점에서 가로로 포를 떠서 90% 가량 썬 뒤 뒤집어서 반대 방향으로 90% 가량 포를 뜬다.

4 식품 건조기 트레이 위에 종이 포일을 깔고 오리 근위를 올린다.

- 오리 근위라는 식재료가 낯선가요? 의외로 인터넷 또는 마트에서 손쉽게 구매할 수 있답니다.
- 오리 근위를 잘게 자른 뒤에 당근, 파프리카, 브로콜리, 양배추 등 냉장고 속 자투리 채소와 함께 올리브유에 볶으면 간단한 별미 한끼로도 급여하기 좋아요.

5 시금치 가루를 뿌린다. 70°C에서 5시간 건조한 후 한 번 뒤집어 5시간 더 건조한다.

12

# 쇠고기 스틱

| 대상 | 급여 | 식감 | 칼로리 |
| --- | --- | --- | --- |
| ☑ 개 ☑ 고양이 | ☑ 간식 ☐ 식사 대체 | 딱딱, 쫄깃쫄깃 | 총 480kcal |

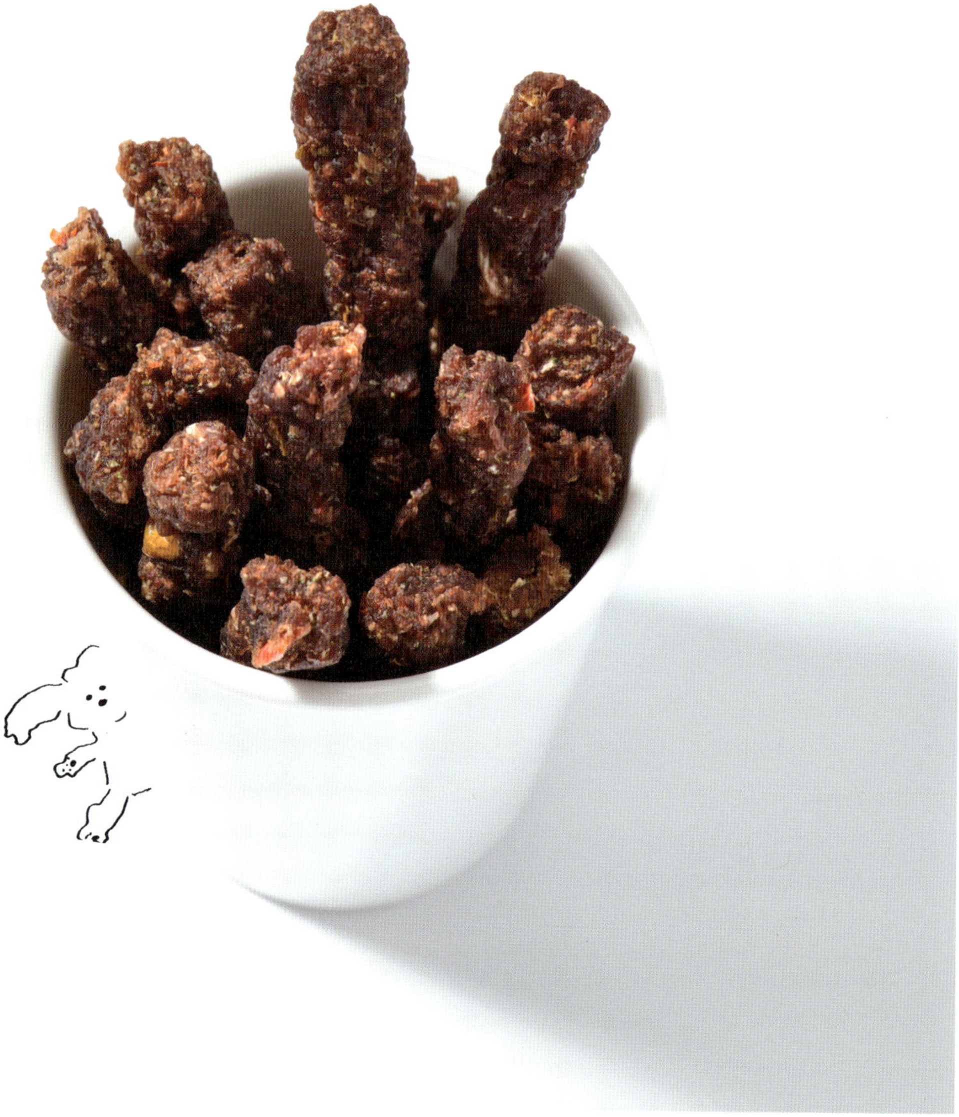

기력 보충에도 좋고, 아이들에게 기호성도 높은 고기가 바로 쇠고기이죠. 스트레스 해소용으로도 좋은 건조 간식을 직접 만들어주세요. 평소에 잘 먹지 않는 채소를 곱게 다져서 넣으면 건강에 더욱 좋겠죠?

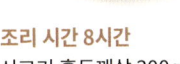

**조리 시간 8시간**
- 쇠고기 홍두깨살 300g
- 당근 1/10개(20g)
- 브로콜리 1/10개(20g)
- 파프리카 1/6개(20g)
- 코코넛 가루 1큰술(생략 가능)

1 쇠고기 홍두깨살을 깨끗이 씻은 후 키친타월로 물기를 없애고 지저분한 막을 제거한다.

2 홍두깨살을 핸드블렌더로 곱게 간다.

3 당근, 브로콜리, 파프리카는 곱게 다진다.
- 핸드블렌더로 갈아도 좋지만 파프리카는 수분이 많아서 칼로 다지는 것을 추천해요.

4 볼에 홍두깨살과 채소, 코코넛 가루를 넣고 골고루 치댄다.

5 짤주머니에 커플러를 끼운 후 반죽을 넣는다.
- 짤주머니에 반죽 넣기 31쪽 참고

- 쇠고기 홍두깨살이 아닌 우둔살 등 다른 부위를 이용해도 됩니다. 하지만 지방이 많은 부위는 추천하지 않아요.
- 깍지가 다양하게 있다면, 다양한 모양의 깍지를 이용해도 좋아요. 길이와 모양은 기호에 따라 얼마든지 변형해서 만들 수 있어요.

6 식품 건조기 트레이 위에 종이 포일을 깐 뒤 원하는 길이로 반죽을 짠다. 70°C에서 4시간 건조한 후 한 번 뒤집어 4시간 더 건조한다.

13

# 쇠고기 칩

| 대상 | 급여 | 식감 | 칼로리 |
|---|---|---|---|
| ☑ 개 ☑ 고양이 | ☑ 간식 □ 식사 대체 | 바삭바삭, 쫄깃쫄깃 | 총 480kcal |

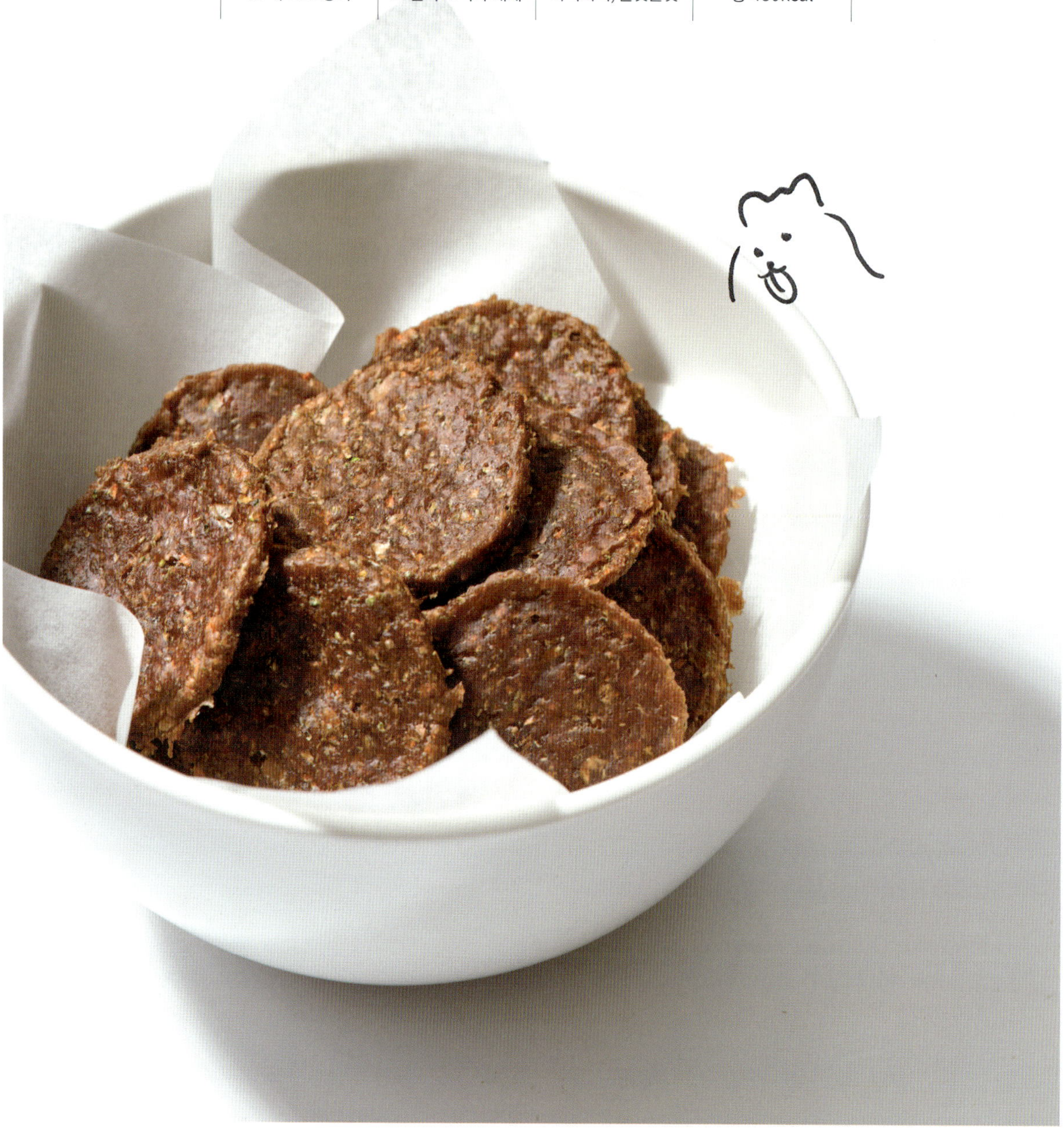

아이들에게 선물해주는 색다른 육포! 쇠고기 칩은 워낙 기호성이 높아 아이들에게 인기 만점 간식이에요. 오래 씹기 좋아서 스트레스 해소에도 좋지요. 조금 시간이 걸려도 직접 만든 건조 간식은 아이들의 행복지수를 올려준답니다.

**조리 시간 5시간**
- 쇠고기 홍두깨살 300g
- 당근 1/10개(20g)
- 브로콜리 1/10개(20g)
- 파프리카 1/6개(20g)
- 코코넛 가루 1큰술(생략 가능)

1 손질한 쇠고기 홍두깨살을 핸드블렌더로 곱게 간다.
• 홍두깨살 손질하기 29쪽 참고

2 당근, 브로콜리, 파프리카는 곱게 다진다.
• 핸드블렌더로 갈아도 좋지만 파프리카는 수분이 많아서 칼로 다지는 것을 추천해요.

3 볼에 홍두깨살과 채소, 코코넛 가루를 넣고 골고루 치댄다.

4 도마 위에 랩을 깔고, 반죽을 올린 뒤 윗면도 랩으로 덮는다.

5 반죽을 밀대로 밀어서 0.5cm의 두께로 펼친 후 윗면의 랩을 제거하고 지름 5cm의 원형 쿠키 틀로 반죽을 찍는다.

6 식품 건조기 트레이 위에 종이 포일을 깔고, 반죽을 올린 후 70℃에서 3시간 건조한 후 한 번 뒤집어 2시간 더 건조한다.

- 쇠고기 홍두깨살이 아닌 우둔살 등 다른 부위를 이용해도 됩니다. 하지만 지방이 많은 부위는 추천하지 않아요.
- 기호에 따라 다른 채소를 더 넣어도 좋아요.
- 크기와 모양에 구애받지 마세요! 기호에 따라 반죽의 두께를 조절할 수 있고, 쿠키 틀이 없다면 소주잔을 활용하세요.

# 명태 두부 스틱

|  |  |  |  |
|:---:|:---:|:---:|:---:|
| **대상** | **급여** | **식감** | **칼로리** |
| ☑ 개 ☑ 고양이 | ☑ 간식 ☐ 식사 대체 | 말캉말캉, 바삭바삭 | 총 410kcal |

저지방 고단백으로 칼로리가 낮은 명태는 반려동물들에게 기호성이 매우 높아요. 비만인 반려동물에게도 크게 부담 없이 줄 수 있는 간식입니다. 다른 건조 간식에 비해서 딱딱하지 않아서 이가 약한 친구들도 먹을 수 있답니다.

**조리 시간 8시간**
☐ 명태살 200g
☐ 두부 1모(300g)

1 볼에 명태살과 잠길 정도의 찬물을 부어 10시간 정도 담가 염분을 없앤다.
 • 2~3시간 간격으로 물을 계속 교체하세요.

2 끓는 물에 두부를 넣어 10분간 데쳐 염분을 없앤다.

3 명태살과 데친 두부는 키친타월로 물기를 없앤다.

4 핸드블렌더에 두부와 명태살을 넣고 곱게 간다.

5 짤주머니에 커플러를 끼고 반죽을 담은 후 식품 건조기 트레이 위에 종이 포일을 깔고 그 위에 원하는 크기와 모양으로 짠다.
 • 짤주머니에 반죽 넣기 31쪽 참고

6 60°C에서 4시간 건조한 후 한 번 뒤집어 4시간 더 건조한다.

• 명태는 잔가시가 많으니 반드시 가시 등이 잘 제거된 명태살을 구매하세요. 인터넷에서 '명태블록' 또는 '명태살 블록'으로 검색하면 됩니다.
• 염도계가 있다면 명태살의 염분을 제거할 때 염도를 0으로 맞춰주면 좋아요.

TOPPING & SNACK

15

# 베지 스틱

| 대상 | 급여 | 식감 | 칼로리 |
|---|---|---|---|
| ☑ 개 ☑ 고양이 | ☑ 간식 ☐ 식사 대체 | 쫀득쫀득 | 총 400kcal |

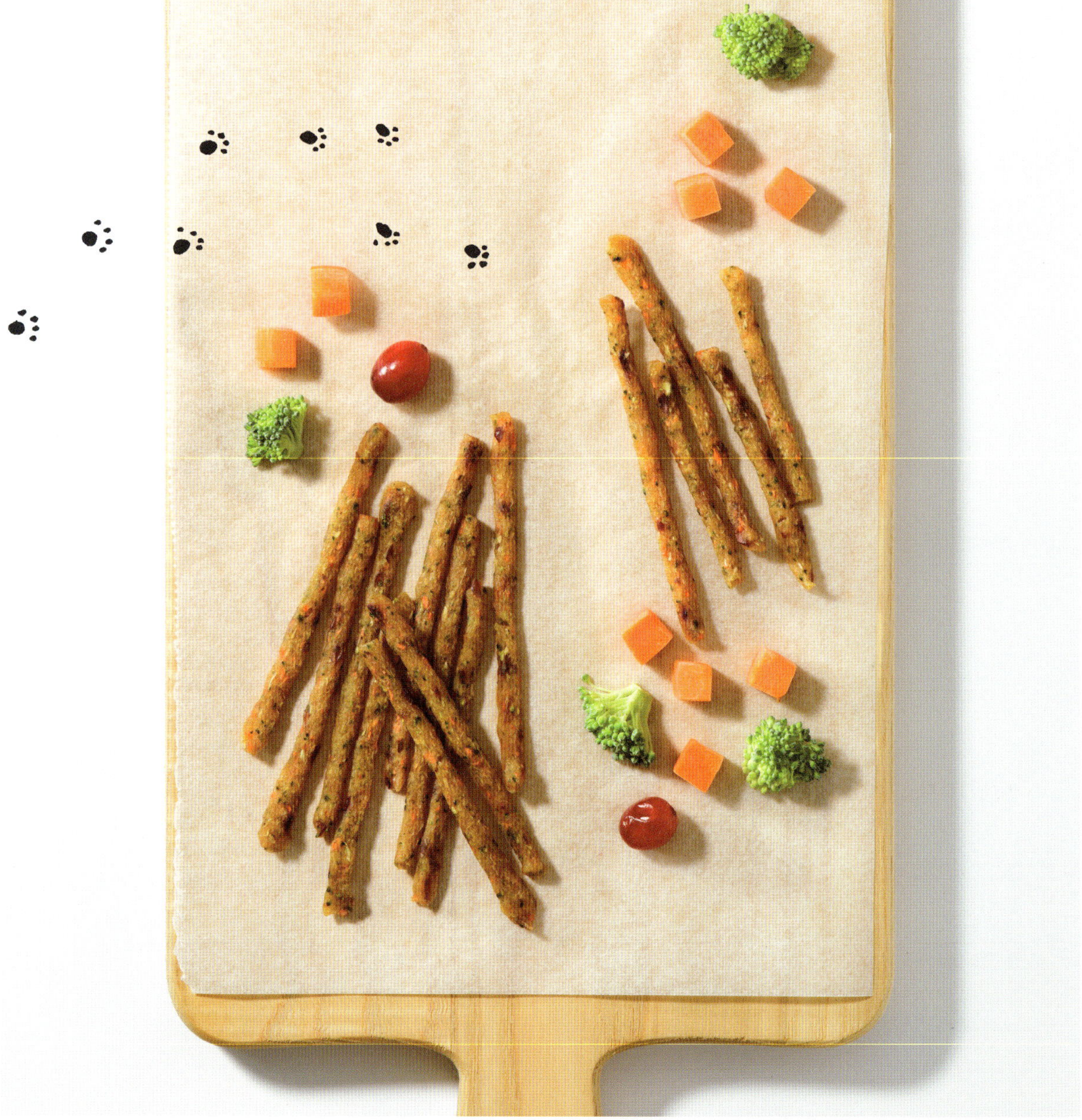

고구마는 섬유질이 많아서 장의 기능을 촉진하고 변비를 예방해줍니다. 달큰한 맛 또한 아이들이 매우 좋아하죠! 육류나 어류에 알레르기가 있는 친구들에게는 고구마와 각종 채소를 이용해서 건강한 베지 스틱을 만들어주세요. 쫀득쫀득 달큰한 베지 스틱에 아이들도 행복한 간식타임을 가질 거예요.

**조리 시간 6시간**
- 고구마 2~3개(300g)
- 당근 1/9개(30g)
- 브로콜리 1/9개(30g)
- 냉동 크랜베리 30g

1  고구마는 껍질을 제거한다. 김이 오른 찜기에 올려 20~30분간 찐 후 한김 식힌다.

2  당근, 브로콜리, 냉동 크랜베리는 잘게 다진다.

3  볼에 재료를 모두 담고, 고구마를 으깨어가며 잘 섞는다.

4  원형 12번 깍지를 끼운 짤주머니에 반죽을 넣는다.
- 짤주머니에 반죽 넣기 31쪽 참고

5  식품 건조기 트레이 위에 종이 포일을 깔고 그 위에 원하는 크기와 모양으로 짠다. 60°C에서 3시간 건조한 후 한 번 뒤집어 3시간 더 건조한다.

- 크랜베리 및 다른 채소 등은 생략 및 변경이 가능합니다. 냉장고에 남은 자투리 채소를 이용해도 좋고, 크랜베리 대신 블루베리나 다른 채소 및 과일을 사용해도 좋아요.
- 고구마는 칼로리가 낮은 식재료는 아니에요. 비만인 친구들은 물론 하루 적정 급여 칼로리 안에서 잘 계산해서 급여하세요.
- 깍지의 종류는 상관없어요. 원하는 모양과 길이로 만들어보세요.

16

# 단호박 우유껌

| 대상 | 급여 | 식감 | 칼로리 |
|---|---|---|---|
| ☑ 개 ☑ 고양이 | ☑ 간식 □ 식사 대체 | 말캉말캉, 쫄깃쫄깃 | 총 300kcal |

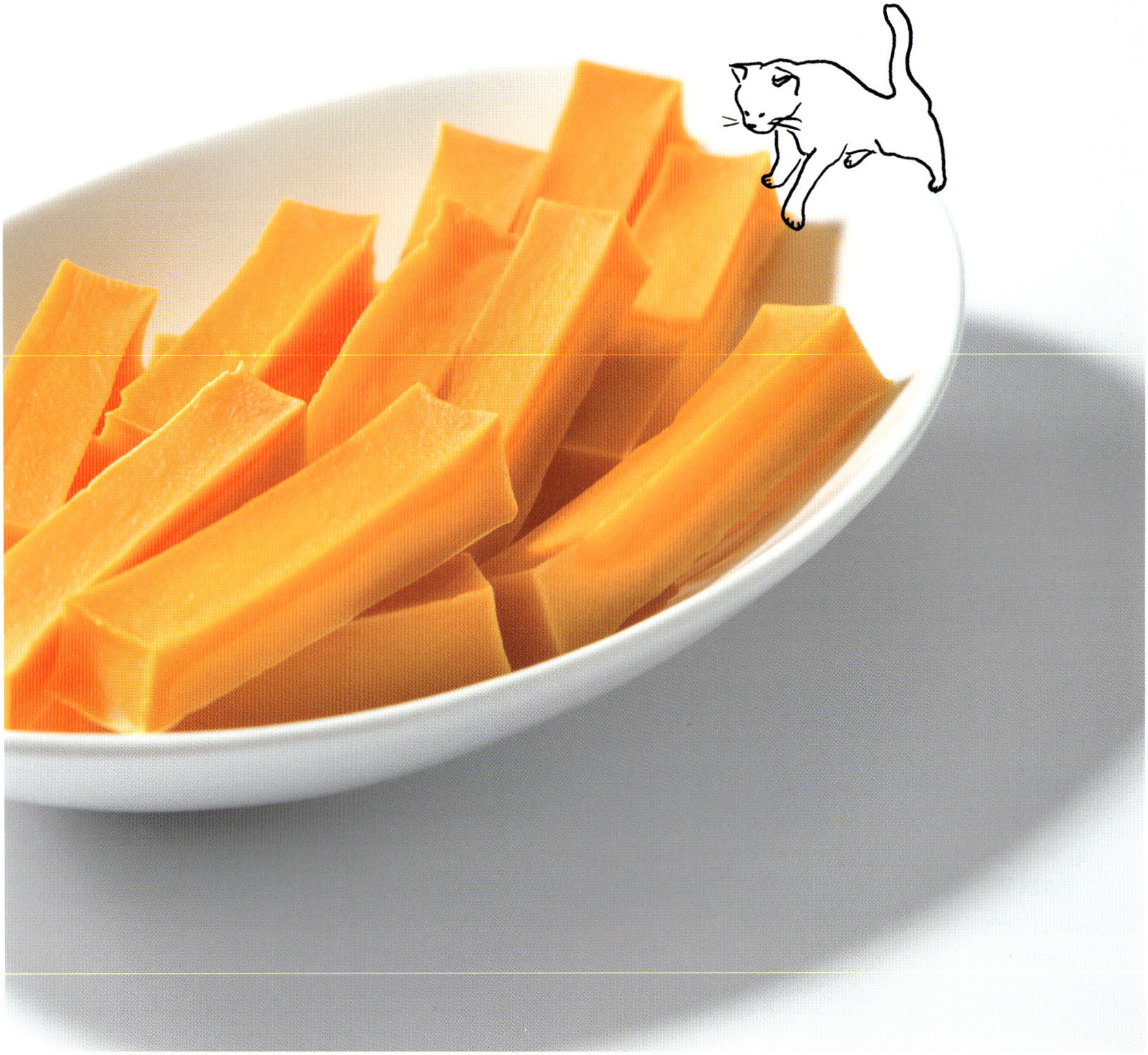

트릿용 간식으로 이만한 게 없죠. 쫄깃쫄깃한 식감의 단호박 우유껌 혹은 고구마 우유껌은 아이들에게 있어서 기호성을 물을 필요도 없는 인기 만점 수제 간식입니다. 가장 큰 장점은 우리의 맥주 안주로도 안성맞춤이라는 거! 아이들 간식을 만들면서 우리의 간식까지 같은 레시피로 넉넉하게 만들어보세요.

---

**조리 시간 8시간**
- 단호박 1/5개(100g)
- 락토프리 우유 2와 1/2컵(500㎖)
- 한천 가루 1큰술(7g)

1 단호박의 속을 파낸 후 김이 오른 찜기에 올려 20분간 찐다.

2 한김 식힌 후 단호박의 껍질과 살을 분리한다. 믹서에 살만 넣어서 곱게 간다.

3 냄비에 락토프리 우유를 넣고 한천 가루를 넣어 섞는다.
- 한천 가루는 끓이기 전, 차가울 때 넣고 풀어줘야 덩어리지지 않아요.

4 센 불로 올려 끓어오르면 불을 끄고 갈아 둔 단호박을 넣어 뭉치지 않게 푼다.
- 우유는 순간적으로 거품이 끓어 넘칠 수 있으니 주의하세요.

5 체에 거른 뒤 틀에 담아 냉장고에서 1시간 이상 굳힌다.

6 길이 7cm, 두께 1cm의 막대 모양으로 자른 후 식품 건조기 트레이 위에 종이 포일을 깔고 올린다. 60℃에서 3시간 건조한 후 한 번 뒤집어 3시간 더 건조한다.

- 단호박 대신 같은 분량의 고구마로 대체 가능합니다.
- 캐롭 가루, 케일 가루, 비트 가루 등을 넣어서 색상을 낼 수 있어요.
- 고양이에게 매일 급여하기엔 적합하지 않은 간식이지만 소량은 문제 없어요.
- 아이의 기호성에 따라 원하는 크기로 잘라서 급여하세요.

17

# 댕냥 시리얼

| 대상 | 급여 | 식감 | 칼로리 |
|---|---|---|---|
| ☑ 개 ☑ 고양이 | ☑ 간식 □ 식사 대체 | 바삭바삭 | 총 550kcal |

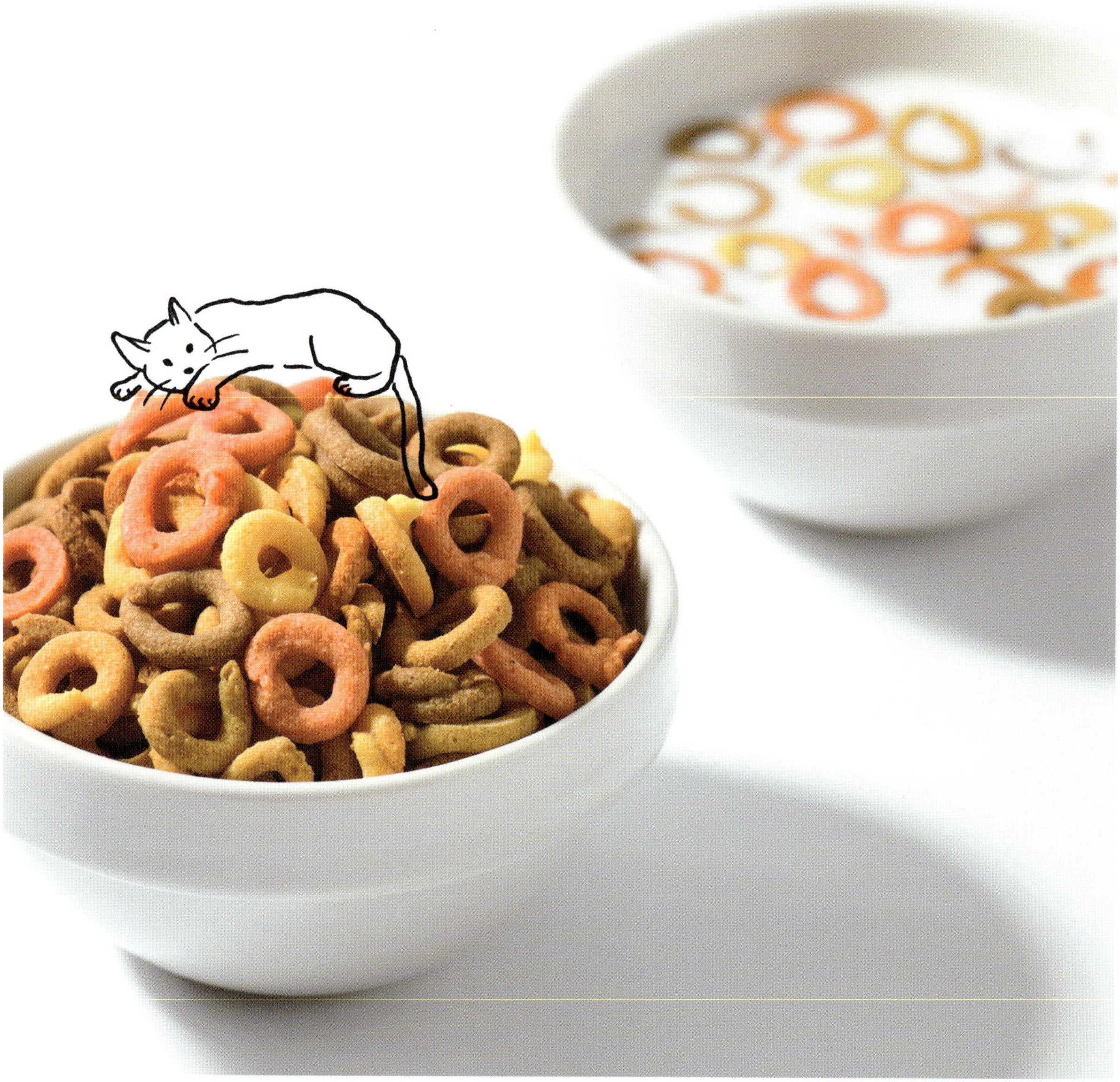

트릿용 간식으로 하나씩 급여해도 좋고, 락토프리 우유에 넣어 더욱 든든하게 줘도 좋아요. 육류를 사용하지 않고 만들었지만, 고구마 대신 닭가슴살이나 오리안심, 쇠고기 홍두깨살 등으로 대체해서 만들 수 있어요. 천연 가루를 이용해 조색해서 좀 더 먹음직스러운 간식을 완성해보세요.

---

**조리 시간 1시간**
- 고구마 2개(200g)
- 달걀노른자 1개
- 박력 쌀가루 7큰술(70g)
- 비트 가루 1작은술(5g, 생략 가능)
- 단호박 가루 1작은술(5g, 생략 가능)
- 캐롭 가루 1작은술(5g, 생략 가능)
- 케일 가루 1작은술(5g, 생략 가능)

- 고구마가 이에 잘 달라붙을 수 있으니 급여 후 양치를 꼭 신경 써서 해주세요.
- 탄수화물 함량이 높아 고양이에게 매일 급여하기엔 적합하지 않은 간식이지만 소량은 급여해도 문제없어요.
- 모양과 크기는 기호에 맞게 변형해도 됩니다.
- 천연 가루로 조색하는 과정은 생략해도 괜찮아요. 조색은 사람을 위한 것이지 반려동물을 위한 게 아니라는 것을 기억하세요.
- 인공색소로는 조색하지 마세요. 인공색소는 소르빈산 등 발암 물질을 다량 함유하고 있습니다.
- 천연 가루라고 반드시 안전한 것은 아니에요. 칼로리가 높은 가루도 있으니 조색을 할 땐 늘 소량만 이용하세요.

1. 고구마는 껍질을 제거한다. 김이 오른 찜기에서 올려 20~30분간 찐 뒤 한김 식힌다.

2. 핸드블렌더에 찐 고구마와 달걀노른자를 넣고 곱게 간다.

3. 볼에 ②를 담고 박력 쌀가루를 넣어 주걱으로 뭉치지 않게 잘 섞는다.
   - 고구마의 수분감에 따라 농도가 다를 수 있으니 박력 쌀가루로 반죽의 농도를 조절하세요. 짤주머니에서 부드럽게 짤 수 있을 정도의 농도로 맞추면 됩니다.

4. 섞은 반죽을 4등분한 뒤 각각 비트·단호박·캐롭·케일 가루로 색을 낸다. 원형 5번 깍지를 끼운 짤주머니에, 각각의 반죽을 색깔별로 담는다.
   - 짤주머니에 반죽 넣기 31쪽 참고

5. 오븐 팬에 테프론 시트를 깔고, 반죽을 시리얼 링 모양으로 짠다. 150℃로 예열된 오븐에서 15분간 구운 후 한김 식힌다.

## 18
# 수박 오이 스무디

|  |  |  |  |
|---|---|---|---|
| **대상**<br>☑ 개 ☑ 고양이 | **급여**<br>☑ 간식 ☐ 식사 대체 | **식감**<br>꿀꺽꿀꺽 | **칼로리**<br>총 400kcal |

더운 여름철 음수량을 채우기 좋은 스무디를 소개할게요. 오이는 수분함량이 높고 칼로리가 매우 낮은 채소입니다. 여기에 달달한 수박과 새콤한 요거트를 더해서 만든 이 스무디는 멀미가 심해 차에서 물을 잘 마시지 않는 친구들에게도 좋아요.

**조리 시간 10분**
- 수박 200g
- 오이 1개(200g)
- 무가당 요거트 1컵(200g)
- 꿀 1큰술(10g)

1 오이는 껍질을 제거하고 적당한 크기로 썬다. 수박은 껍질과 씨를 제거하고 과육만 준비한다.

2 믹서에 모든 재료를 넣고 곱게 간다.

- 오이도 씨가 많을 경우에는 씨부분을 제거하면 좋아요.
- 너무 차가운 음식은 아이들이 잘 먹지 않을 수 있습니다. 배탈이 나지 않게 소량만 급여하세요.
- 요거트는 생략해도 괜찮습니다. 생략 시 칼로리가 낮아지니 꼭 다른 식사를 함께 챙겨주세요. 음수량을 채우는 음료 정도로만 먹여도 괜찮아요.

# 블루베리 요거트 스무디

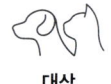   

| 대상 | 급여 | 식감 | 칼로리 |
|---|---|---|---|
| ☑ 개 ☑ 고양이 | ☑ 간식 ☐ 식사 대체 | 할짝할짝 | 총 450kcal |

새콤달콤한 블루베리 요거트 스무디는 아이들의 입맛을 돋우기에 매우 좋은 음식이에요. 블루베리 대신 크랜베리나 딸기로 대체해도 좋습니다. 넉넉히 만들면 반려인과 반려동물이 함께 먹을 수 있답니다. 묽은 요거트 스무디를 귀엽게 할짝할짝 먹는 아이들을 보고 있으면 시간 가는 줄 모를 거예요.

**조리 시간 10분**

☐ 블루베리 1컵(또는 냉동 블루베리, 200g)
☐ 락토프리 우유 1/3컵(50㎖)
☐ 무가당 요거트 1컵(200g)
☐ 꿀 1큰술(10g)

1 블루베리는 씻은 후 체에 밭쳐 물기를 제거한다.

2 믹서에 모든 재료를 넣고 곱게 간다.

- 당도가 걱정된다면 꿀은 생략해도 됩니다.
- 너무 차가운 음식은 아이들이 잘 먹지 않을 수 있습니다. 배탈이 나지 않게 소량만 급여하세요.
- 블루베리는 딸기, 라즈베리, 크랜베리 등으로 대체 가능합니다. 아사이베리에는 카페인과 비슷한 '테오브로민'이라는 성분이 있으니 사용하지 마세요.

# 딸기 바나나 스무디

**대상**
☑ 개 ☐ 고양이

**급여**
☑ 간식 ☐ 식사 대체

**식감**
낼름낼름

**칼로리**
총 400kcal

반려인도 함께 먹을 수 있는 딸기 바나나 스무디예요. 달큰한 맛에 반해 낼름낼름 귀엽게 먹는 아이들. 바나나가 들어가서 포만감도 채울 수 있어요. 딸기 대신 키위나 다른 과일로 대체해도 좋습니다.

**조리 시간 10분**
- 딸기 15~20개 (또는 냉동 딸기, 200g)
- 바나나 1개(200g)
- 무가당 요거트 1/2컵(100g)
- 꿀 1큰술(10g)

1 딸기는 깨끗이 씻어 꼭지를 제거하고, 바나나는 껍질을 벗겨 적당한 크기로 썬다.

2 믹서에 모든 재료를 넣고 곱게 간다.

- 당도가 걱정된다면 꿀은 생략해도 됩니다.
- 키위로 대체할 때는 골든 키위를 사용하세요. 그린 키위는 알레르기 반응이 높아요.
- 너무 차가운 음식은 아이들이 잘 먹지 않을 수 있습니다. 배탈이 나지 않게 소량만 급여하세요.
- 당뇨가 있는 친구들은 과당이 높은 음식이니 피하고, 개에 비해 당분해 능력이 낮은 고양이에게도 급여를 피해주세요.

# DAILY MEAL

반려동물의 건강을 위해 만드는
매일 먹어도 맛있는 영양 가득 한끼 식사

21

# 두부 감자전

| 대상 | 급여 | 칼로리 | 식감 |
|---|---|---|---|
| ☑ 개 ☐ 고양이 | ☑ 간식 ☑ 식사 대체 | 총 300kcal | 바삭바삭, 부들부들 |

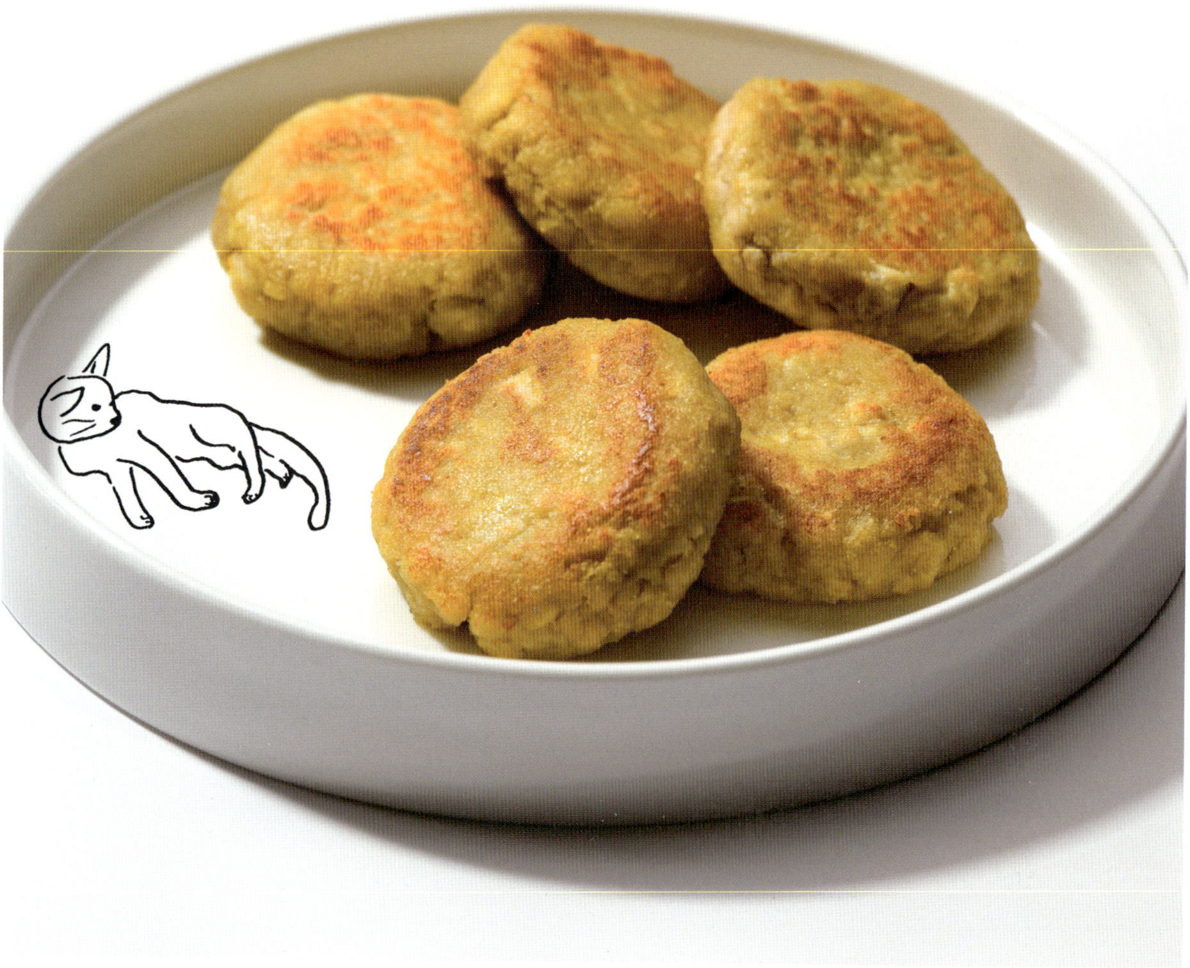

육류 알레르기가 있는 친구들에게 한 번씩 별미 간식으로 해주기 좋은 간식이에요. 채소를 섞어도 좋고, 아이들 분량을 완성하고 나서 간을 조금 더하면 우리가 먹기에도 좋은 건강한 두부 감자전이 됩니다. 겉은 바삭하면서도 속은 부들부들한 식감을 느낄 수 있는 두부 감자전! 비 오는 날 아이들과 함께 부쳐 먹으면 안성맞춤이랍니다.

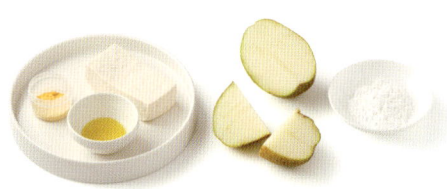

**조리 시간 30분**
☐ 두부 1/2모(150g)
☐ 감자 1개(200g)
☐ 박력 쌀가루 1큰술(10g)
☐ 단호박 가루 1작은술(5g, 생략 가능)
☐ 올리브유 1큰술(10g)

- 감자는 싹이 나지 않고, 잘 익은 것으로 골라서 사용해요. 감자의 싹에는 '솔라닌'이라는 독성성분이 있어 반려동물들에게는 치명적일 수 있습니다.
- 단호박 가루는 맛과 향으로 아이들의 기호성을 높이고, 색감을 내기 위해 사용했지만 생략해도 괜찮아요.
- 뜨거운 전을 아이들에게 급여하면 잇몸 화상의 위험이 있으니 반드시 잘 식혀서 잘게 잘라 급여하세요.
- 올리브유 대신 일반 식용유를 사용해도 됩니다. 단, 포도씨유와 아보카도유는 사용하지 마세요.

**1** 두부는 염분을 제거하고 키친타월로 두부의 물기를 없앤다.
- 두부 염분 제거하기 28쪽 참고

**2** 감자는 한입 크기로 썰어 핸드블렌더로 곱게 간다. 간 감자는 체에 걸러 물기를 꽉 짠 후 볼에 담는다.
- 그릇에 떨어진 감자의 물은 그대로 두어 감자전분이 가라앉게 하세요.

**3** ②의 감자를 넣은 볼에 데친 두부를 넣고 주걱으로 으깨면서 골고루 섞는다.

**4** ②의 감자 물 그릇에서 물은 따라버리고, 바닥에 가라 앉은 감자 전분만 ③의 볼에 넣어 섞는다.

**5** 박력 쌀가루, 단호박 가루를 넣고 골고루 섞어서 반죽을 만든 후 원하는 크기로 동그랗게 빚는다.

**6** 달군 팬에 올리브유를 두르고 반죽을 올려 중간 불에서 앞뒤로 노릇하게 익힌다.

##  황태 치즈볼

|  |  |  |  |
|:---:|:---:|:---:|:---:|
| **대상** | **급여** | **식감** | **칼로리** |
| ☑ 개  ☑ 고양이 | ☑ 간식  ☐ 식사 대체 | 겉바속촉 | 총 600kcal |

왜 아이들은 황태를 이렇게나 좋아할까요? 황태를 싫어하는 반려동물들은 거의 보지 못한 것 같아요. 앞에 소개한 무염 황태 가루(레시피 44쪽)를 이용해서 업그레이드된 간식을 만들어볼게요. 황태포를 묻혀 겉은 바삭, 속은 쭈욱 늘어나는 치즈의 촉촉함과 고소함에 아이들 눈이 땡그래질 거예요.

---

**조리 시간 30분**
- 무염 황태 가루 1/2컵(100g, 만들기 44쪽)
- 저염 슬라이스 치즈 5장
- 달걀 1개
- 박력 쌀가루 2큰술(20g, 덧가루용)

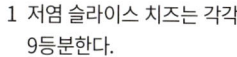

1. 저염 슬라이스 치즈는 각각 9등분한다.

2. 5개씩 겹쳐서 총 9개의 큐브를 만든다.

3. 치즈 큐브에 박력 쌀가루를 골고루 입힌다.

4. 볼에 달걀을 풀어서 달걀물을 만든다. ③을 넣어 골고루 묻힌 후 무염 황태 가루도 골고루 묻힌다.

5. 100℃로 예열된 오븐에서 약 10분간 굽는다.
   - 치즈가 녹아내리지 않는지 잘 살펴보세요.

- 시판 황태 가루를 사용해도 되지만 염분이 제거되지 않았을 확률이 높기 때문에 번거롭더라도 앞에서 소개한 무염 황태 가루를 직접 만들어보세요.
- 익힌 치즈는 매우 뜨거울 수 있어요. 아이들의 잇몸이 다치지 않도록 반드시 잘라서 온도를 체크한 후 급여하세요.
- 아기가 먹는 치즈는 염분이 낮아요. 반려동물들에게도 염분이 낮은 아기용 저염 슬라이스 치즈를 이용하세요.

## 23
# 어묵볼 꼬치

| 대상 | 급여 | 식감 | 칼로리 |
|---|---|---|---|
|  개 ☐ 고양이 |  간식 ☐ 식사 대체 |  탱글탱글, 부들부들 | 총 400kcal |

반려동물과 함께 즐길 수 있는 분식이 있다면 바로 어묵일거예요. 닭육수가 있다면 닭육수에 어묵을 넣어 맛있는 어묵탕 한 그릇이 뚝딱! 물론 뜨겁게 주면 안되겠죠? 동글동글 어묵볼 모양도 좋고, 길쭉한 어묵바로 만들어도 됩니다. 취향껏 아이들에게 만들어주세요.

**조리 시간 1시간**
- 명태살 200g
- 당근 1/10개(20g)
- 브로콜리 1/10개(20g)
- 파프리카 1/6개(20g)
- 찐 단호박 1/10개(50g)
- 박력 쌀가루 5큰술(50g)
- 달걀노른자 1개분

**1** 볼에 분량의 명태살을 넣고 찬물에 담궈서 10시간 가량 염분을 없앤다.
- 2~3시간마다 물을 교체하고, 염도계가 있다면 염도계로 체크하세요.

**2** 염분이 제거된 명태살은 키친타월로 물기를 제거한 뒤 핸드블렌더로 곱게 간다.

**3** 핸드블렌더에 당근, 브로콜리, 파프리카를 넣어 간다.
- 브로콜리는 끓는 물에 1분간 데쳐서 사용하면 더 좋아요.

**4** 찐 단호박은 껍질을 모두 벗겨 노란 속살만 준비한다.
- 단호박 찌기 30쪽 참고

**5** 볼에 모든 재료를 넣고 반죽한 뒤 적당한 크기(30g)의 동그란 모양으로 만든다.

**6** 160℃로 예열된 오븐에서 25분간 굽는다. 한 김 식힌 후 꼬치에 어묵볼을 끼워 완성한다.

- 닭가슴살을 데친 육수가 있다면 냉장 보관했다가 어묵꼬치를 넣어주면 어묵탕을 만들 수 있어요.
- 명태는 잔가시가 많으니 반드시 가시 등이 잘 제거된 명태살을 구매하세요. 인터넷에서 '명태블록' 또는 '명태살 블록'으로 검색하면 돼요.

24

# 닭가슴살 치즈 소시지

| 대상 | 급여 | 식감 | 칼로리 |
|---|---|---|---|
| ☑ 개 ☑ 고양이 | ☑ 간식 ☑ 식사 대체 | 부들부들, 말캉말캉 | 총 500kcal |

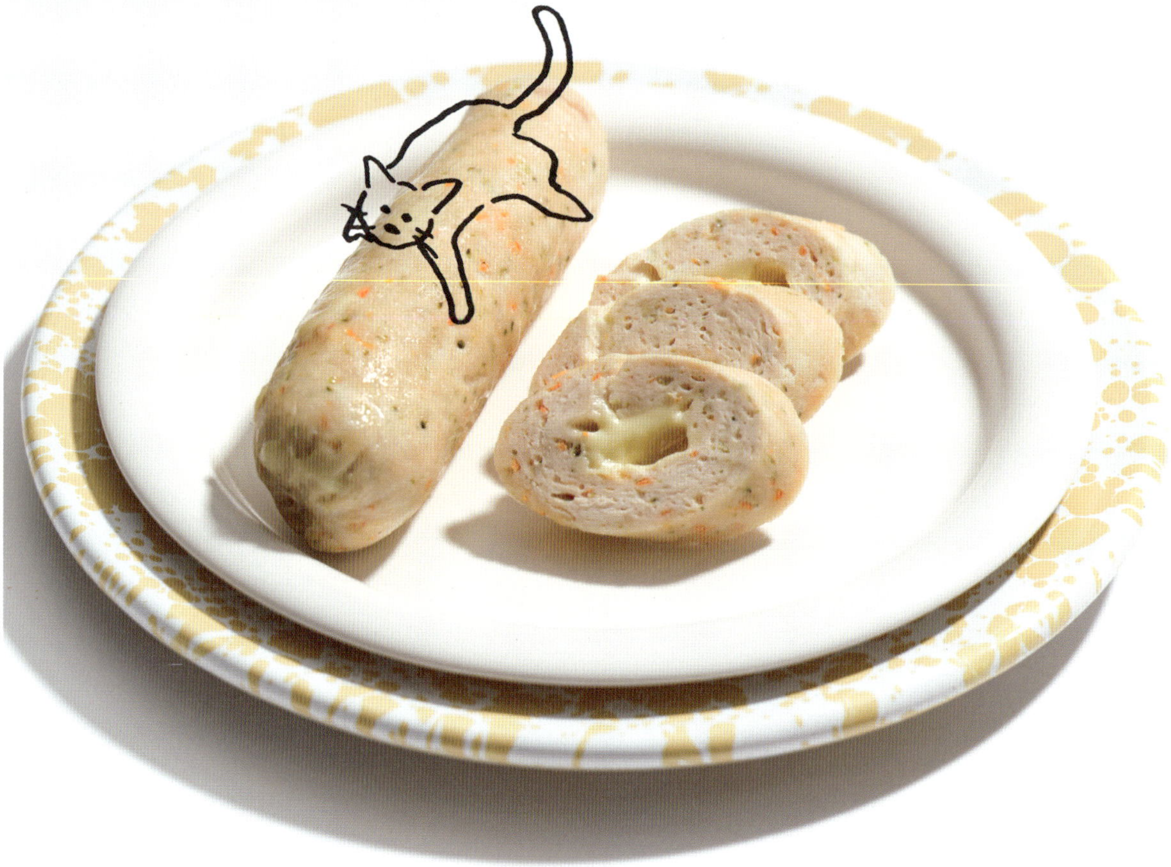

쿵쿵 대며 다가오는 아이들. 이렇게 맛있는 소시지를 찜기에서 찌는 내내 아이들은 부엌을 떠나지 않을 거예요. 부드러운 식감에 고소한 치즈까지 넣어 호불호가 없는 음식이랍니다. 채소의 양을 늘려서 한끼 식사 대용으로 주기도 좋아요.

**조리 시간 40분**
- 닭가슴살 2개(300g)
- 당근 1/20개(10g)
- 브로콜리 1/20(10g)
- 저염 슬라이스 치즈 2장
- 박력 쌀가루 1큰술(10g)

1 손질한 닭가슴살은 핸드블렌더로 곱게 간다. 브로콜리, 당근은 곱게 다진다.
 • 닭가슴살 손질하기 29쪽 참고

2 볼에 닭가슴살, 채소, 박력 쌀가루를 넣고 골고루 치댄 뒤 3등분한다.

3 저염 슬라이스 치즈는 각각 6등분한 후 4개씩 겹쳐서 3개의 치즈 막대를 만든다.

4 반죽 한 덩어리를 눌러 편 후 치즈 막대를 넣고 감싼다. 소시지 모양으로 만든 후 랩으로 말아 단단하게 성형한다. 나머지 반죽도 동일하게 만든다.

5 김이 오른 찜기에 올려 25분간 찐다. 한김 식힌 뒤 적당한 크기로 썬다.

- 닭가슴살 대신 오리안심으로 대체해도 좋아요. 쇠고기 홍두깨살은 찰기가 부족해 잘 부서질 수 있어요.
- 채소의 양을 늘려 만들면 편식하는 반려동물들에게도 급여하기 좋아요.
- 아기가 먹는 치즈는 염분이 낮아요. 반려동물들에게도 염분이 낮은 아기용 저염 슬라이스 치즈를 이용하세요.

25

# 멍냥치킨

| 대상 | 급여 | 식감 | 칼로리 |
|---|---|---|---|
| ☑ 개 ☑ 고양이 | ☑ 간식 ☑ 식사 대체 | 겉바속촉 | 총 500kcal |

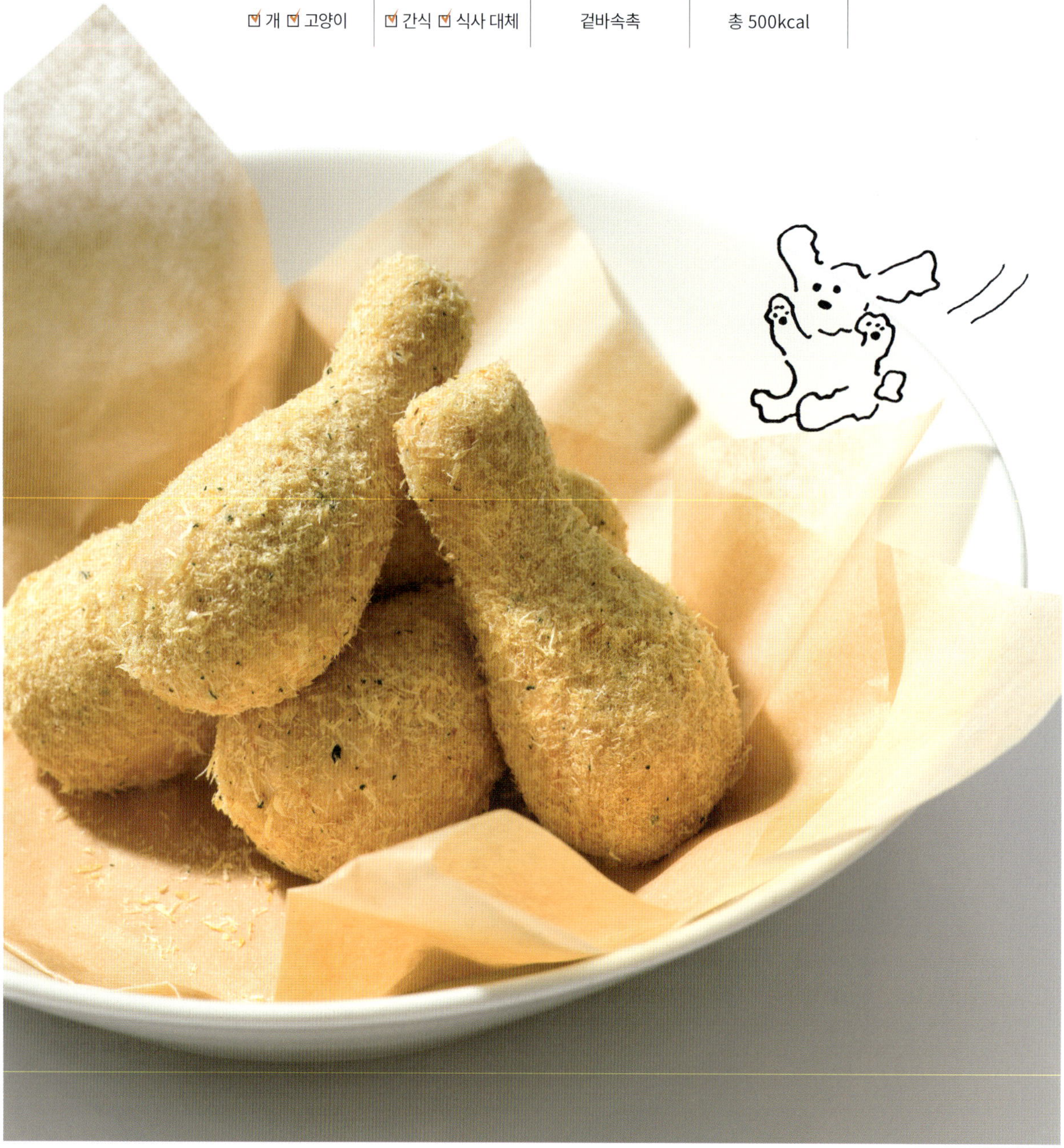

우리가 치킨을 먹을 때마다 옆에서 킁킁대는 우리의 반려동물들. 더 이상 애절한 눈빛에 져서 염분 가득한 사람용 치킨을 주지 말자구요. 염분을 제거해서 직접 만든 건강한 무염 황태 가루로 기호성을 높였답니다. 개와 고양이 모두에게 행복한 치킨타임을 선물하세요.

**조리 시간 40분**
- 닭가슴살 2개(300g)
- 박력 쌀가루 1큰술(10g)
- 달걀 1개
- 무염 황태 가루 1컵(만들기 44쪽)
- 시금치 가루 1작은술(만들기 42쪽)

1 손질한 닭가슴살은 핸드블렌더로 곱게 간다.
  • 닭가슴살 손질하기 29쪽 참고

2 볼에 닭가슴살, 박력 쌀가루를 넣고 골고루 반죽한다.

3 사진과 같이 닭다리 모양으로 만든다. 160℃로 예열된 오븐에서 15분간 굽는다.

4 볼에 달걀을 풀어 달걀물을 만든 후 구운 닭가슴살에 골고루 묻힌다.

5 접시에 무염 황태 가루와 시금치 가루를 넣어 섞은 후 ④를 넣고 골고루 묻힌다.

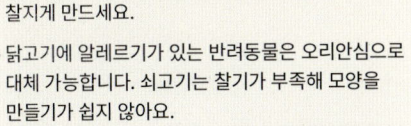

- 반죽은 박력 쌀가루로 농도를 맞추세요.
- 예쁜 모양의 닭다리를 성형하고 싶다면 닭고기를 덩어리지지 않게 곱게 갈고, 반죽을 힘있게 치대서 찰지게 만드세요.
- 닭고기에 알레르기가 있는 반려동물은 오리안심으로 대체 가능합니다. 쇠고기는 찰기가 부족해 모양을 만들기가 쉽지 않아요.
- 달걀물과 무염 황태 가루가 남았다면 함께 섞어서 작은 황태볼을 만들어 노즈 워크용 간식으로 활용해 보세요. 160℃로 예열된 오븐에서 10분간 구우면 됩니다.

6 160℃ 오븐에서 10분간 더 굽는다.

# 단호박 고구마무스 닭가슴살 스테이크

|  |  |  |  |
|:---:|:---:|:---:|:---:|
| **대상** | **급여** | **식감** | **칼로리** |
| ☑ 개  ☑ 고양이 | ☑ 간식  ☑ 식사 대체 | 쫄깃쫄깃, 크리미 | 총 390kcal |

다이어트를 하면서 고구마 무스가 가득 들어 있는 닭가슴살 볼을 먹어 본 적이 있어요. 겉은 고기 육즙이, 속에는 달큰한 고구마 무스가 가득한 것이 도저히 다이어트 음식이라 생각이 들지 않더라고요. 모두 반려동물들이 먹을 수 있는 식재료라 비슷한 메뉴를 개발하게 되었어요. 이왕이면 큼직하게 먹음직스러운 통닭가슴살로 만들었습니다.

**조리 시간 50분**
- 닭가슴살 2개(300g)
- 찐 단호박 1/10개(50g)
- 찐 고구마 1/2개(50g)
- 당근 1/10개(20g)
- 데친 브로콜리 1/10개(20g)
- 올리브유 1작은술(5g)

- 급하게 먹을 경우 닭가슴살 속 뜨거운 무스가 아이들의 잇몸 화상을 유발할 수 있어요. 반드시 잘게 잘라서 완전히 식힌 후 급여하는 것이 좋습니다.
- 올리브유 대신 일반 식용유를 사용해도 됩니다. 단, 포도씨유와 아보카도유는 사용하지 마세요.
- 단호박 무스 안에 다양한 채소들을 곱게 다져 넣으면 채소 섭취를 늘리기 좋아요.
- 짤주머니 대신 위생 봉투를 이용해서 쭉쭉 짜 넣어주면 됩니다.
- 그릴 팬에 구우면 더욱 먹음직스러운 스테이크를 완성할 수 있지만 일반 팬에 구워도 돼요.

1 핸드블렌더에 찐 단호박과 찐 고구마를 넣어 곱게 간다. 당근과 데친 브로콜리도 곱게 간다.
- 단호박 찌기, 고구마 찌기, 브로콜리 데치기 30쪽 참고

2 고구마, 단호박 간 것에 다진 채소를 넣어 골고루 섞은 후 짤주머니에 담는다.
- 짤주머니에 반죽 넣기 31쪽 참고

3 손질한 닭가슴살의 가운데에 칼집을 내어 주머니처럼 만든다.
- 닭가슴살 손질하기 29쪽 참고

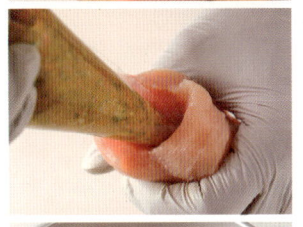

4 닭가슴살 속에 ②의 단호박 고구마 무스를 짜 넣는다.

5 닭가슴살을 랩으로 감싼 후 김이 오른 찜기에 올려 20분간 익힌다.

6 달군 팬이나 그릴 팬에 올리브유를 두르고 겉면이 노릇하게 되도록 중간 불에서 3분간 익힌다. 한김 식힌 후 작은 크기로 썬다.

## 찹 스테이크

| 대상 | 급여 | 식감 | 칼로리 |
|---|---|---|---|
| ☑ 개 ☑ 고양이 | ☑ 간식 ☑ 식사 대체 | 쫄깃쫄깃, 아삭아삭 | 총 220kcal |

이렇게나 간단하게 맛있는 화식을 만들어줄 수 있다니! 냉동실에 남은 고기와 냉장실의 자투리 채소들을 함께 볶아주면 아이들의 근사한 펫다이닝 식탁을 완성할 수 있어요. 항산화 작용이 풍부한 올리브유로 휘리릭 볶으면 더욱 건강한 식탁이 되겠죠?

**조리 시간 30분**
- 닭가슴살 1과 1/2개(200g)
- 빨간 파프리카 1/6개(20g)
- 노란 파프리카 1/6개(20g)
- 데친 브로콜리 1/10개(20g)
- 양송이버섯 3개
- 올리브유 1작은술(5g)
- 시금치 가루 약간 (생략 가능, 만들기 42쪽)

**1** 손질한 닭가슴살은 사방 2cm 크기로 썬다.
• 닭가슴살 손질하기 29쪽 참고

**2** 파프리카, 데친 브로콜리, 양송이버섯은 닭가슴살과 비슷한 크기로 썬다.
• 브로콜리 데치기 30쪽 참고

**3** 달군 팬에 올리브유를 두르고 닭가슴살을 넣어 80% 정도 익을 때까지 중간 불에서 5분간 볶는다.

**4** 나머지 재료를 넣고 3분간 더 볶는다. 접시에 담고 시금치 가루를 뿌린다.

- 닭가슴살 대신 오리고기나 쇠고기 등 다른 육류로 대체할 수 있습니다.
- 채소는 취향껏 변경 가능하니 레시피에 구애 받지 않아도 됩니다.
- 올리브유 대신 일반 식용유를 사용해도 됩니다. 단, 포도씨유와 아보카도유는 사용하지 마세요.

## 오리안심 떡갈비 스테이크

| 대상 | 급여 | 식감 | 칼로리 |
|---|---|---|---|
| ☑ 개 ☑ 고양이 | ☑ 간식 ☑ 식사 대체 | 육즙 가득, 부들부들 | 총 390kcal |

정말 간단하게 만들어 줄 수 있는 기호성 높은 오리안심 떡갈비 스테이크! 오리고기 대신 닭가슴살이나 쇠고기 등으로 대체해도 좋아요. 아이들이 좋아하는 재료로 한끼 식사로도, 간식으로도 안성맞춤인 떡갈비 스테이크를 만들어주세요. 위에 토핑한 고소한 치즈와 시금치 가루는 눈도 즐겁게 해준답니다.

**조리 시간 40분**
- 오리안심 200g
- 박력 쌀가루 1큰술(10g)
- 당근 1/7개(30g)
- 저염 슬라이스 치즈 1장
- 시금치 가루 약간(생략 가능, 만들기 42쪽)

1  손질된 오리안심은 핸드블렌더로 곱게 간다. 당근은 잘게 다진다.
• 오리안심 손질하기 29쪽 참고

2  볼에 오리안심, 당근, 박력 쌀가루를 넣어 골고루 반죽한다.

3  반죽은 4등분으로 나눈 뒤 떡갈비 모양으로 동글납작하게 성형한다.

4  저염 슬라이스 치즈를 4등분해서 떡갈비 위에 올리고 시금치 가루를 뿌린다. 160℃로 예열된 오븐에서 25분간 굽는다.

- 당근 외에 다른 채소도 잘게 다져 넣어도 좋아요.
- 박력 쌀가루는 수분감을 잡기 위해 사용했어요. 반죽이 너무 무를 경우에는 소량씩 더 첨가하세요. 박력 쌀가루 대신 오트밀 가루로 대체할 수 있습니다.
- 아기가 먹는 치즈는 염분이 낮아요. 반려동물들에게도 염분이 낮은 아기용 저염 슬라이스 치즈를 이용하세요.

## 톳 오리안심 테린

**대상**
☑ 개 ☑ 고양이

**급여**
☑ 간식 ☑ 식사 대체

**식감**
폭신, 부들, 쫀들

**칼로리**
총 350kcal

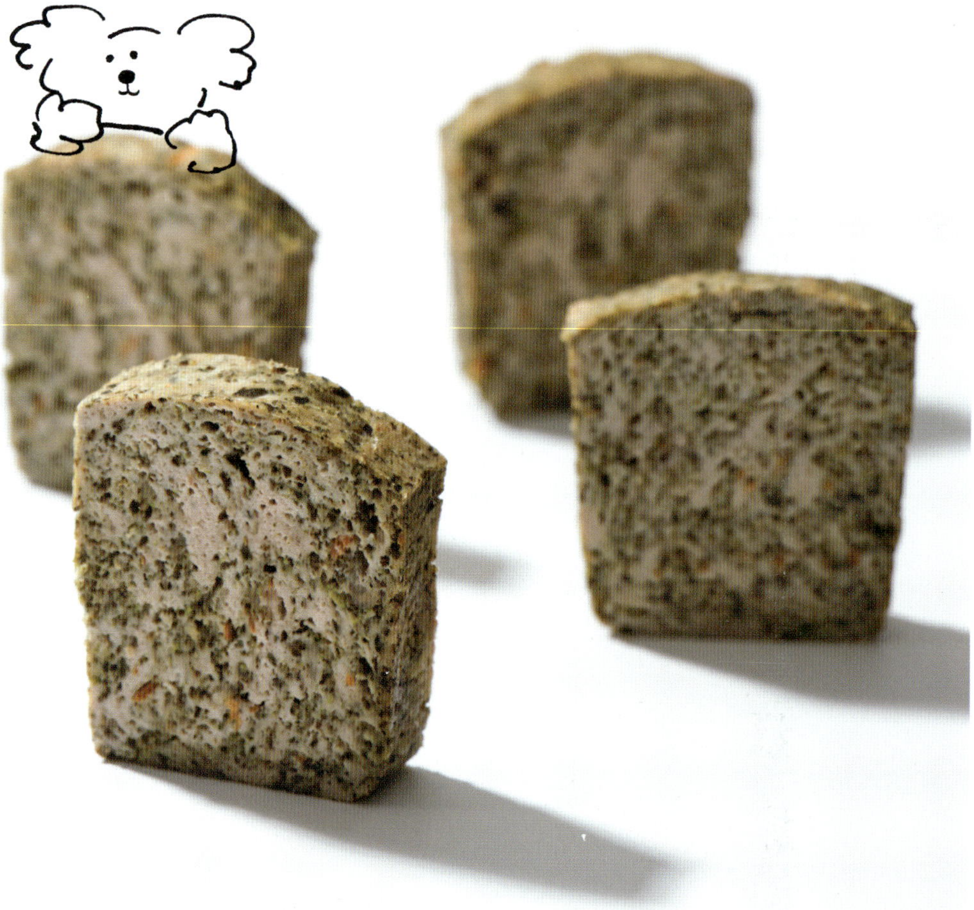

테린은 고기를 묵처럼 만든 요리예요. 오리고기 테린에 톳을 넣어 식감을 더했답니다. 꼬들꼬들한 식감인 톳과 부드러운 식감인 테린의 조화에 아이들이 반할 거예요. 칼슘이 많은 톳은 튼튼한 뼈와 치아 건강에도 도움이 되는 식재료예요. 만약 톳을 낯설어 한다면 다른 채소로 대체하거나 생략해도 됩니다.

**조리 시간 30분**
- 오리안심 250g
- 톳 1줌(30g)
- 당근 1/20개(10g)
- 브로콜리 1/20(10g)
- 박력 쌀가루 1큰술(10g)

1 손질한 오리안심은 핸드블렌더로 곱게 간다.
- 오리안심 손질하기 29쪽 참고

2 톳은 찬물로 여러 번 헹궈 염분을 제거하고 끓는 물에 넣어 5분간 데친다.

3 데친 톳은 키친타월로 물기를 없애고 당근, 브로콜리와 함께 핸드블렌더로 간다.
- 너무 곱게 갈면 식감이 사라지니 적당히만 갈아주세요. 채소를 싫어하는 반려동물을 위해서는 곱게 갈아도 됩니다.

4 볼에 갈아둔 오리안심과 박력 쌀가루, 톳, 채소를 모두 넣고 손으로 잘 치댄다.

5 미니 파운드 틀에 반죽을 담고 랩을 씌운다. 김이 오른 찜기에 올려 25분간 찐다. 한김 식힌 뒤 적당한 두께로 썬다.
- 파운드 틀이 없다면, 소시지처럼 랩으로 돌돌 말아서 쪄도 됩니다.

- 톳은 염분이 많기 때문에 염분을 잘 제거하기 위해 여러 번 씻어주세요.
- 채소의 양은 레시피에 구애 받지 마세요. 자투리 채소를 활용하면 됩니다. 물론 양파는 절대 금물인 거! 잘 아시죠?(22쪽 설명 참고)

## 쇠고기 샐러드

|  |  |  |  |
|---|---|---|---|
| **대상** ☑ 개 ☑ 고양이 | **급여** ☑ 간식 ☑ 식사 대체 | **식감** 아삭아삭 | **칼로리** 총 320kcal |

무가당 그릭 요거트 두 스푼만 있다면, 냉장고에 남은 자투리 채소를 이용해서 아이들에게 한끼 샐러드를 만들어 줄 수 있어요. 별미 간식, 또는 식사로 즐길 수 있는 간단한 샐러드 만드는 방법을 소개할게요.

**조리 시간 30분**
- 쇠고기 홍두깨살 100g
- 고구마 1/3개(30g)
- 당근 1/7개(30g)
- 오이 1/8개(30g)
- 사과 1/2개
- 무가당 그릭 요거트 5큰술(50g)
- 올리브유 1작은술(5g)
- 시금치 가루 약간(생략 가능, 만들기 42쪽)

1 손질한 홍두깨살은 사방 1cm 크기로 썬다. 고구마, 당근, 오이, 사과도 같은 크기로 썬다.
• 홍두깨살 손질하기 29쪽 참고

2 끓는 물에 고구마, 당근을 넣어 5분간 익힌다.

3 달군 팬에 올리브유를 두르고 홍두깨살을 넣어 중간 불에서 5분간 익힌다.

4 볼에 모든 재료를 담고 무가당 그릭 요거트를 넣어 버무린다. 접시에 담은 뒤 시금치 가루를 뿌린다.

- 채소는 파프리카, 애호박, 양배추, 단호박 등 냉장고에 남은 자투리 채소로 대체해도 됩니다.
- 그릭 요거트는 직접 만들어도 좋습니다. 시중에 판매되는 그릭 요거트를 구매할 때는 설탕이 첨가되지 않은 무가당으로 고르고, 일반 요거트는 사용하지 마세요. 특히 자일리톨 성분이 들어있는 요거트는 아이들의 저혈당을 유발할 수 있으니 사용하지 마세요.
- 올리브유 대신 일반 식용유를 사용해도 됩니다. 단, 포도씨유와 아보카도유는 사용하지 마세요.

31

# 연어 파피요트

| 대상 | 급여 | 식감 | 칼로리 |
|---|---|---|---|
| ☑ 개 ☑ 고양이 | ☑ 간식 ☑ 식사 대체 | 보들보들, 물컹물컹 | 총 350kcal |

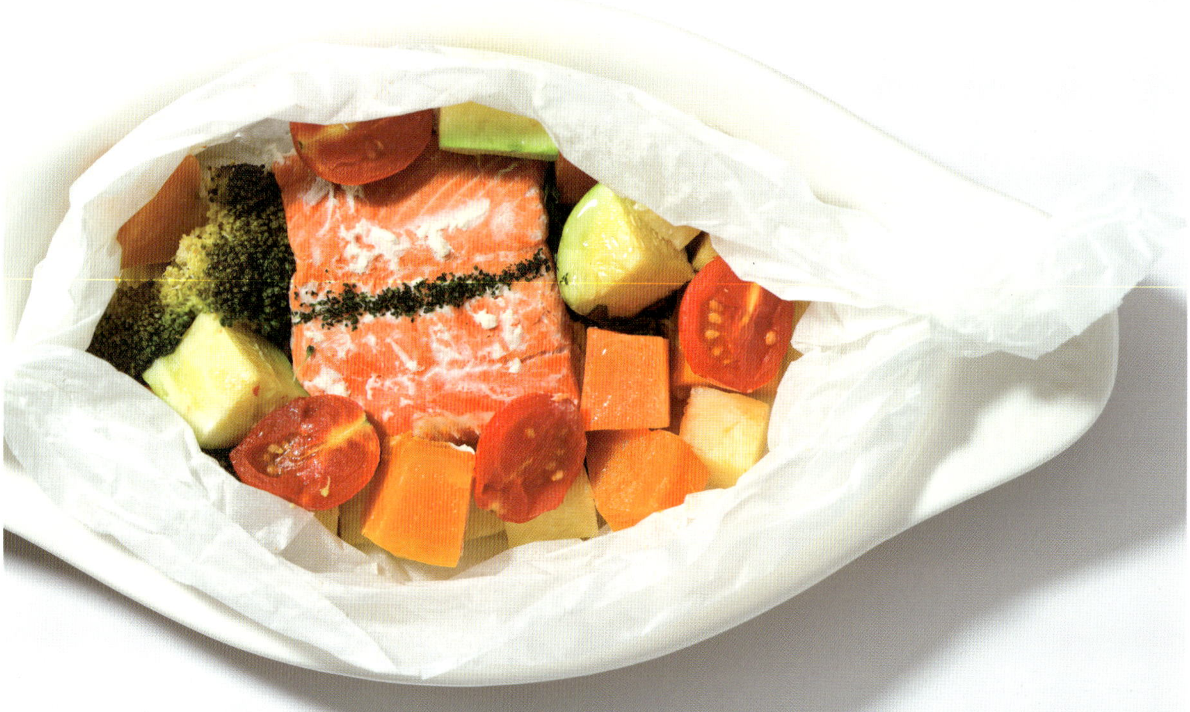

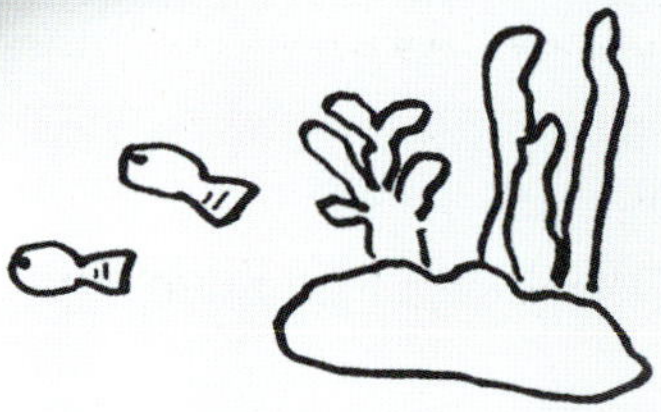

연어를 이용한 훌륭한 펫다이닝 요리를 만들어 보고 싶었어요. 저희 저녁 식탁에 자주 올라오는 파피요트랍니다. 파피요트는 재료를 종이 포일로 감싸 오븐에서 찌듯이 익히는 메뉴예요. 오메가-3 지방산이 풍부한 연어로 아이들의 근사한 식탁을 완성하기에는 이만한 요리가 없지요. 생각보다 만들기도 쉬워요.

**조리 시간 50분**
- 연어 200g
- 고구마 1/3개(30g)
- 브로콜리 1/7개(30g)
- 당근 1/7개(30g)
- 단호박 1/15개(30g)
- 애호박 1/6개(30g)
- 방울토마토 2개
- 시금치 10장
- 시금치 가루 1작은술(생략 가능, 만들기 42쪽)

1 고구마, 브로콜리, 당근, 단호박, 애호박은 사방 2cm 크기로 썬다. 방울토마토는 2등분한다.

2 연어는 물에 씻은 뒤, 키친타월로 물기를 없애고 비늘을 제거한다.

3 종이 포일 위에 시금치를 올리고 그 위에 연어를 올린다. 나머지 채소는 연어 주변에 올린다.
- 연어는 껍질이 아래를 향하게 올려요

4 종이 포일의 양쪽을 말면서 모든 재료들을 감싼다.

5 김이 오른 찜기에 올려 약 20분간 찐다. 쪄낸 연어 파피요트 위에 시금치 가루를 골고루 뿌린다.

- 연어는 가시 등이 잘 손질된 필렛으로 구매하는 게 좋고 급여할 때도 가시가 없는지 잘 확인하세요.
- 연어의 비늘은 칼날을 이용해 비늘의 역방향으로 살살 긁어 주면 손쉽게 손질할 수 있어요.
- 채소 종류는 레시피에 상관없이 얼마든지 변경해도 좋아요.
- 시금치는 물에서 여러 번 헹군 뒤 사용하세요.

# 닭고기 카레덮밥

**대상**
☑ 개 ☑ 고양이

**급여**
☑ 간식 ☑ 식사 대체

**식감**
부드러움, 고슬고슬

**칼로리**
총 200kcal

아이들을 위한 카레덮밥을 만들어 주고 싶어서 열심히 고민해서 완성한 레시피예요. 고구마로 카레소스를 만들어 부드러움을, 쌀 대신 닭가슴살로 고슬고슬한 밥을 재현했어요. 아이들의 입맛을 돋우는 건강한 한끼 식사가 될 거예요.

**조리 시간 40분**
- 닭가슴살 2/3개(100g)
- 당근 1/20개 + 1/10개(30g)
- 데친 브로콜리 1/10 + 1/20개(30g)
- 단호박 1/15개(20g)
- 찐 고구마 1/2개(50g)
- 치자 가루 3g
- 비트 가루 1g
- 메추리알 1개(생략 가능)
- 올리브유 1작은술(생략 가능)

- 치자 가루가 없다면 단호박 가루로 대체해도 좋아요. 조색은 아이들을 위한 것이 아니기 때문에 크게 욕심 갖지 않아도 괜찮습니다.
- 알레르기나 기호성에 따라서 닭가슴살 대신 오리고기나 쇠고기 등 다른 육류로 대체해도 좋아요.
- 채소의 종류와 양은 레시피에 상관없이 남은 자투리 채소로 얼마든지 이용 가능합니다.
- 올리브유 대신 일반 식용유를 사용해도 됩니다. 단, 포도씨유와 아보카도유는 사용하지 마세요.

1 당근 1/20개는 곱게 다지고, 나머지 당근 1/10개, 단호박은 사방 1cm 크기로 썬 뒤 끓는 물에 넣어 5분간 데친다. 데친 브로콜리 1/10개는 머리만 떼어내고, 나머지는 곱게 다진다.

2 손질한 닭가슴살은 적당한 크기로 썰어 끓는 물에 넣어 10분간 삶는다. 닭가슴살을 끓인 육수 1컵은 남겨둔다.
• 닭가슴살 손질하기 29쪽 참고

3 핸드블렌더에 삶은 닭가슴살을 넣고 곱게 간 뒤 곱게 다진 당근과 브로콜리를 넣어 섞는다.

4 밥공기에 ③을 넣어 꾹꾹 눌러 담는다. 접시 위에 밥공기를 뒤집어 담아 둥근 모양을 낸다.

5 핸드블렌더에 찐 고구마, 치자 가루, 비트 가루를 넣고 곱게 갈아서 카레소스를 만든다. 이때 닭육수를 넣어 걸쭉한 농도로 만든다.

6 ⑤의 카레소스에 남겨둔 브로콜리, 당근, 단호박을 넣어 섞는다. ④의 접시에 카레소스를 곁들인다.

7 달군 팬에 메추리알을 넣어 프라이한 후 곁들인다.

# 명태 달걀 볶음밥

|  |  |  |  |
|:---:|:---:|:---:|:---:|
| **대상** | **급여** | **식감** | **칼로리** |
| ☑ 개 ☑ 고양이 | ☑ 간식 ☑ 식사 대체 | 고슬고슬 | 총 200kcal |

생선살을 고슬고슬한 밥으로 표현해보는 것은 어떨까? 라는 생각으로 만든 명태 달걀 볶음밥입니다. 고슬고슬한 명태살의 식감과 달걀의 조화로움, 여기에 다양한 채소까지 함께하면 훌륭한 한 끼 식사가 완성돼요. 고소한 명태 볶는 향기가 집안 가득 퍼지면 아이들의 배꼽시계가 힘차게 요동칠 거예요.

### 조리 시간 30분

- 명태살 200g
- 달걀 1개
- 당근 1/20개(10g)
- 브로콜리 1/20(10g)
- 파프리카 1/10개(10g)
- 올리브유 1작은술(5g)
- 볶은 통깨 약간(생략 가능)

- 명태는 잔가시가 많으니 반드시 가시 등이 잘 제거된 명태살을 구매하세요. 인터넷에서 '명태블록' 또는 '명태살 블록'으로 검색하면 돼요.
- 채소의 종류와 양은 레시피에 상관없이 냉장고에 남은 자투리 채소로 얼마든지 이용 가능합니다.
- 토마토도 잘 어울려요. 방울토마토를 깨끗이 씻어 반으로 가른 뒤 씨를 제거한 후 살짝 볶아 가니쉬로 함께 내면 훌륭한 펫다이닝이 완성됩니다.
- 올리브유 대신 일반 식용유를 사용해도 됩니다. 단, 포도씨유와 아보카도유는 사용하지 마세요.
- 단백질을 좀 더 추가해서 급여하고 싶다면 메추리알을 프라이해서 올려주세요(만들기 103쪽 과정 7번 참고).

1 명태살은 염분을 제거한 후 키친타월에 올려 물기를 없앤다.
- 명태살 염분 제거하기 28쪽 참고

2 핸드블렌더에 명태살을 넣어 곱게 간다.

3 끓는 물에서 브로콜리를 1분간 데친다.

4 핸드블렌더에 당근, 데친 브로콜리, 파프리카를 넣어 곱게 간다. 볼에 달걀을 풀어 달걀물을 만든다.

5 달군 팬에 올리브유를 두른 뒤 갈아둔 채소, 명태살을 넣고 중간 불에서 고슬고슬하게 볶는다. 달걀물을 부어서 함께 잘 어우러지도록 1~2분간 더 볶는다.
- 타지 않게 저어가며 수분을 날리세요.

6 밥 공기에 꾹꾹 눌러 담은 뒤 접시에 올려 담는다. 통깨를 뿌린다.

## 펜네 크림 파스타

|  |  |  |  |
|---|---|---|---|
| **대상** | **급여** | **식감** | **칼로리** |
| ☑ 개  ☐ 고양이 | ☑ 간식  ☑ 식사 대체 | 쫄깃쫄깃, 크리미 | 총 180kcal |

저희의 저녁 메뉴가 파스타인 날은 반려견의 저녁 메뉴도 파스타가 됩니다. 거창한 재료를 사용하지 않고도 건강하고 맛있는 파스타를 아이들에게 만들어 줄 수 있어요. 파스타면은 다른 면들에 비해 염분이 낮아서 개, 고양이들에게도 급여할 수 있는 탄수화물 원입니다. 아이들에게도 맛있는 크림 파스타를 만들어주세요.

**조리 시간 30분**
- 펜네 파스타면 30g
- 두부 1/4모(70g)
- 락토프리 우유 1/5컵(35g)
- 브로콜리 1/7개(30g)
- 닭가슴살 1/10개(15g)
- 올리브유 1작은술(5g)
- 코코넛 가루 1작은술(5g, 생략 가능)
- 시금치 가루 1작은술(5g, 생략 가능, 만들기 42쪽)
- 소간 가루 1작은술(5g, 생략 가능, 만들기 46쪽)

- 파스타면은 다른 면으로 대체해도 좋습니다. 하지만 길이가 긴 스파게티니, 링귀니, 카펠리니는 아이들의 목에 걸릴 수 있으니 펜네, 푸실리, 리가토니와 같은 짧은 면을 사용하는 게 좋습니다.
- 닭가슴살 대신 다른 육류 또는 연어 등으로 대체해도 좋습니다.
- 채소는 레시피에 상관없이 기호에 따라 바꿔도 됩니다.
- 올리브유 대신 일반 식용유를 사용해도 됩니다. 단, 포도씨유와 아보카도유는 사용하지 마세요.

1 손질한 닭가슴살은 사방 0.5cm 크기로 작게 다진다.
 • 닭가슴살 손질하기 29쪽 참고

2 달군 팬에 올리브유를 두르고 닭가슴살을 올려 중간 불에서 3분간 볶는다.

3 브로콜리는 끓는 물에 살짝 1분간 데친 뒤 머리만 떼어낸다.

4 핸드블렌더에 염분을 제거한 데친 두부, 락토프리 우유를 넣고 갈아 크림소스를 만든다.
 • 농도가 걸쭉하면 락토프리 우유를 더 넣어가며 농도를 맞춰요.
 • 두부 염분 제거하기 28쪽 참고

5 끓는 물에 펜네를 넣어 15분 정도 완전히 익힌다. 체에 밭쳐 면만 건진다.

6 냄비에 ④를 넣어 약한 불에서 끓어오르면 브로콜리, 삶은 펜네를 넣어 잘 섞는다. 접시에 담고 닭가슴살을 올린 후 코코넛 가루, 시금치 가루, 소간 가루를 뿌린다.

# 푸실리 로제 파스타

|  |  |  |  |
|---|---|---|---|
| **대상** | **급여** | **식감** | **칼로리** |
| ☑ 개 ☑ 고양이 | ☑ 간식 ☑ 식사 대체 | 부들부들, 쫄깃쫄깃, 크리미 | 총 200kcal |

두부를 이용해서 만든 로제 파스타는 부드럽고 고소해서 아이들이 무척 좋아한답니다. 여기에 연어와 채소까지 곁들이니 한끼 식사로 충분하지요. 모양과 맛, 영양도 만점인 댕냥이용 파스타를 직접 만들어 맛있는 식탁을 차려주세요.

**조리 시간 30분**

☐ 푸실리 파스타면 30g
☐ 연어 30g
☐ 두부 1/4모(70g)
☐ 락토프리 우유 1/5컵(35g)
☐ 데친 브로콜리 1/7개(30g)
☐ 올리브유 1작은술(5g)
☐ 단호박 가루 1작은술(5g)
☐ 비트 가루 1g
☐ 코코넛 가루 약간(생략 가능)
☐ 시금치 가루 약간(생략 가능, 만들기 42쪽)
☐ 소간 가루 약간(생략 가능, 만들기 46쪽)

- 파스타면은 다른 면으로 대체해도 좋습니다. 하지만 길이가 긴 스파게티니, 링귀니, 카펠리니는 아이들의 목에 걸릴 수 있으니 펜네, 푸실리, 리가토니와 같은 짧은 면을 사용하는 게 좋습니다.
- 연어 대신 다른 육류 등으로 대체해도 좋습니다.
- 채소는 레시피에 상관없이 기호에 따라 바꿔도 됩니다.
- 올리브유 대신 일반 식용유를 사용해도 됩니다. 단, 포도씨유와 아보카도유는 사용하지 마세요.

**1** 연어는 깨끗이 씻은 뒤 키친타월로 물기를 없애고 사방 0.5cm 크기로 작게 다진다. 데친 브로콜리는 머리만 떼어낸다.
- 브로콜리 데치기 30쪽 참고

**2** 달군 팬에 올리브유를 두르고 연어를 넣어 중간 불에서 3분간 볶는다.

**3** 핸드블렌더에 염분을 제거한 데친 두부, 락토프리 우유, 단호박 가루, 비트 가루를 넣고 갈아 로제소스를 만든다.
- 농도가 걸쭉하면 락토프리 우유를 더 넣어가며 농도를 맞춰요
- 두부 염분 제거하기 28쪽 참고

**4** 끓는 물에 펜네를 넣고 15분 정도 완전히 익힌다. 체에 밭쳐 면만 건진다.

**5** 냄비에 ③의 소스를 붓고 약한 불에서 끓어오르면 브로콜리, 삶은 펜네를 넣고 섞는다. 접시에 담고 연어를 올린다. 코코넛 가루, 시금치 가루, 소간 가루를 뿌린다.

# 비프 스테이크 크림 리조또

**대상**
☑ 개 ☑ 고양이

**급여**
☑ 간식 ☑ 식사 대체

**식감**
꼬독꼬독, 크리미

**칼로리**
총 290kcal

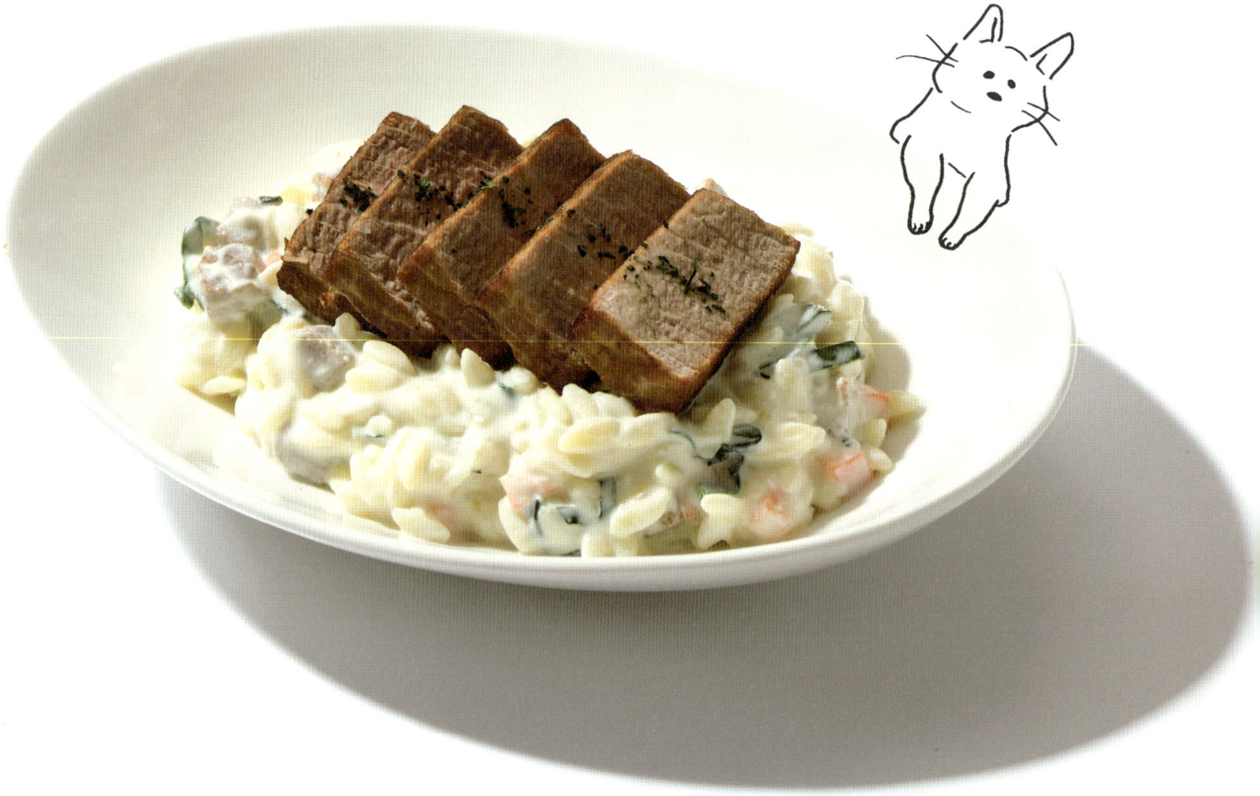

# 두부 라자냐

**대상**
☑ 개 ☑ 고양이

**급여**
☐ 간식 ☑ 식사 대체

**식감**
부드러움

**칼로리**
총 600kcal

## 비프 스테이크 크림 리조또

저희는 파스타가 질릴 때는 리조또를 자주 해먹어요. 감기 몸살일 때에도 죽 대신 리조또나 수프를 끓여 먹는 걸 좋아하는데요. 그러다 보니 자연스레 반려견 '하루'를 위한 리조또도 다양하게 개발하게 되었어요. 쌀을 이용해서 오랜 시간이 걸리는 레시피도 좋지만, 간편하게 뚝딱! 할 수 있는 레시피로 소개할게요.

**조리 시간 40분**
- 쇠고기 홍두깨살 100g
- 리소 파스타면 30g
- 두부 1/4모(70g)
- 락토프리 우유 1/5컵(35g)
- 시금치 5장
- 당근 1/20개(10g)
- 올리브유 1작은술(5g)
- 시금치 가루 약간(생략 가능, 만들기 42쪽)
- 소간 가루 약간(생략 가능, 만들기 46쪽)

1 당근은 사방 0.5cm 크기로 다지고, 시금치는 물에 여러 번 헹군 뒤 돌돌 말아서 썬다.

2 손질한 홍두깨살 중 30g 정도는 사방 0.5cm 크기로 작게 다지고, 나머지는 스테이크 모양으로 둔다.
• 홍두깨살 손질하기 29쪽 참고

3 달군 팬에 올리브유를 두르고 다진 홍두깨살을 올려 중간 불에서 5분간 볶아 덜어 둔다. 스테이크용 고기를 올려 중약 불에서 완전히 익힌다.

4 핸드블렌더에 염분을 제거한 데친 두부, 락토프리 우유를 넣고 곱게 갈아서 크림소스를 만든다.
• 농도가 걸쭉하면 락토프리 우유를 더 넣어가며 농도를 맞춰요
• 두부 염분 제거하기 28쪽 참고

- 파스타면의 종류를 변경해서 파스타로 만들어도 됩니다. 쌀알 모양의 리소 파스타면이 없다면 길쭉한 면을 삶은 뒤 밥알 크기로 잘게 다져도 좋아요.
- 파스타면을 쌀밥으로 대체해도 됩니다. 단, 당뇨가 있는 경우에는 흰쌀밥은 피하세요.
- 알레르기나 기호성에 따라서 육류는 닭고기, 오리고기, 연어 등으로 대체할 수 있습니다.
- 올리브유 대신 일반 식용유를 사용해도 됩니다. 단, 포도씨유와 아보카도유는 사용하지 마세요.
- 채소는 레시피에 상관없이 기호에 따라 바꿔도 됩니다.

5 끓는 물에 리소 파스타면을 넣고 약 15분간 완전히 삶는다. 체에 밭쳐 면만 건진다.

6 냄비에 ④의 소스를 붓고 약한 불에서 끓어오르면 당근을 넣어 3분간 더 끓인다.

7 ⑥에 파스타면, 시금치, 볶은 홍두깨살을 넣고 골고루 섞는다. 접시에 잘 옮겨 담은 뒤 스테이크 고기를 1cm 두께로 썰어 올린다. 시금치 가루와 소간 가루를 곁들인다.
- 소스가 너무 걸쭉하면 락토프리 우유를 조금씩 추가해서 농도를 맞춰요.

# 두부 라자냐

라자냐는 넓쩍한 면으로 만든 이탈리아 파스타 종류예요. 조금 더 건강하면서도 간편하게 만들기 위해 라자냐면 대신 쌈 두부로 만들어봤어요. 조금은 번거롭지만 반려동물에게 너무나도 근사한 식탁을 선물할 수 있답니다.

**조리 시간 60분**
- 두부 1/3모(100g)
- 쌈두부 5장
- 닭가슴살 1/3개(50g)
- 저염 슬라이스 치즈 4장
- 완숙 토마토 2개
- 당근 1/4개(50g)
- 꿀 2큰술(20g)
- 시금치 가루 1/2작은술(만들기 42쪽)
- 무염 황태 가루 1큰술(만들기 44쪽)

1 완숙 토마토는 4등분한 후 심지와 씨를 제거한다. 당근은 토마토 절반 정도의 크기로 썬다.

2 끓는 물에 당근을 넣어 10분간 삶는다.

3 핸드블렌더에 삶은 당근, 토마토, 꿀을 넣고 곱게 간다. 냄비에 붓고 수분이 날아가 자작해질 때까지 중간 불에서 5~10분간 끓인다.
• 수분이 날아간 케첩 정도의 농도가 될 때까지 끓여요.

- 토마토는 반드시 잘 익은 완숙 토마토를 사용하세요. 익지 않은 토마토의 씨앗에는 '솔라닌'이라는 독성성분이 있어 아이들에게 위험할 수 있습니다.
- 닭가슴살 대신 알레르기 여부나 기호에 따라 다른 육류나 연어로 변경해도 됩니다.
- 음식이 완성된 직후에는 속 안이 매우 뜨거우니 반드시 한김 식혀서 잘게 잘라 급여하세요.
- 아기가 먹는 치즈는 염분이 낮아요. 반려동물들에게도 염분이 낮은 아기용 저염 슬라이스 치즈를 이용하세요.

4 두부, 쌈두부 모두의 염분을 제거한다.
- 두부 염분 제거하기 28쪽 참고

5 손질한 닭가슴살은 4등분한다. 끓는 물에 넣고 10분간 완전히 익을 때까지 삶은 뒤 한김 식힌다.
- 닭가슴살 손질하기 29쪽 참고

6 핸드블렌더에 염분을 제거한 데친 일반 두부와 삶은 닭가슴살을 넣고 곱게 갈아 두부무스를 만든다.
- 농도가 걸쭉하면 락토프리 우유를 더 넣어가며 마요네즈 정도의 농도로 맞춰요.

7 오븐용 볼에 쌈두부→토마토소스→저염 슬라이스 치즈→두부무스 순서로 겹겹이 쌓아 올린다. 맨 위의 층에는 저염 슬라이스 치즈→쌈두부→두부무스만 올려 완성한다.

8 맨 위에 시금치 가루, 무염 황태 가루를 골고루 뿌린다. 100℃로 예열된 오븐에서 20분간 굽는다.

# 미네스트로네 수프

| 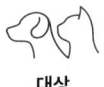 |  |  |  |
|:---:|:---:|:---:|:---:|
| **대상** | **급여** | **식감** | **칼로리** |
| ☑ 개 ☑ 고양이 | ☑ 간식 ☑ 식사 대체 | 할짝할짝, 물컹물컹 | 총 200kcal |

뭉근한 토마토 향이 가득한 미네스트로네 수프! 댕냥이들을 위해서도 만들어주세요. 댕냥이용 미네스트로네 수프를 한 가득 만든 후 따로 덜어서 소금과 후추로 간을 하면 반려인용 아침 식사로 활용할 수 있어요. 냉동 보관 해두면 우리의 식탁도, 아이들의 식탁도 다채로워질 거예요.

**조리 시간 40분**
- 완숙 토마토 2개
- 쇠고기 홍두깨살 30g
- 파프리카 1/7개(30g)
- 애호박 1/6개(30g)
- 당근 1/9개(30g)
- 브로콜리 1/9개(30g)
- 단호박 1/15개(30g)
- 꿀 2큰술(20g, 생략 가능)
- 바질 5장(생략 가능)
- 생수 1/2컵(100㎖)
- 올리브유 1작은술
- 코티지 치즈 약간(생략 가능, 만들기 38쪽)

- 토마토는 반드시 완숙 토마토를 사용하세요. 익지 않은 토마토의 씨앗에는 '솔라닌'이라는 독성성분이 있어 아이들에게 위험할 수 있습니다.
- 홍두깨살 대신 우둔살을 사용해도 됩니다. 쇠고기 알레르기가 있다면 다른 고기 종류로 대체해도 좋아요.
- 바질은 열에 약하기 때문에 마지막에 살짝 익을 정도로만 끓여야 향이 날아가지 않아요.
- 채소의 종류와 크기는 크게 구애 받지 않아도 됩니다. 다만 너무 크게 손질할 경우, 수프를 식혀도 재료의 속이 뜨거워 잇몸 화상을 입을 수 있으니 잘게 다져서 주는 것이 좋아요. 또는 냉장고 등에서 잘 식혀 급여할 것을 권장해요.
- 올리브유 대신 일반 식용유를 사용해도 됩니다. 단, 포도씨유와 아보카도유는 사용하지 마세요.

1 완숙 토마토는 4등분해서 심지를 제거한다. 파프리카, 애호박, 당근, 단호박은 사방 1cm 크기로 썬다. 브로콜리도 비슷한 크기로 썬다.

2 손질한 홍두깨살은 사방 1cm 크기로 썬다.
  • 홍두깨살 손질하기 29쪽 참고

3 달군 팬에 올리브유를 두른 후 홍두깨살을 올려 중간 불에서 3분간 볶은 후 한 김 식힌다.

4 끓는 생수(1/2컵)에 당근, 단호박을 넣고 4분간 익힌다. 브로콜리를 넣고 1분간 더 익힌다. 데친 채소를 건져 내고 채소 끓인 물은 따로 둔다.

5 믹서에 채소 끓인 물, 완숙 토마토, 꿀을 넣고 곱게 간다.
  • 꿀은 생략 가능해요.

6 냄비에 ⑤를 붓고, 나머지 재료를 모두 넣어 중간 불에서 5~10분간 한 번 더 끓인다. 불을 끈 뒤, 바질을 손으로 찢어 넣는다. 접시에 옮겨 담고 코티지 치즈를 올린다.

## 꼬꼬 단호박 당근 수프

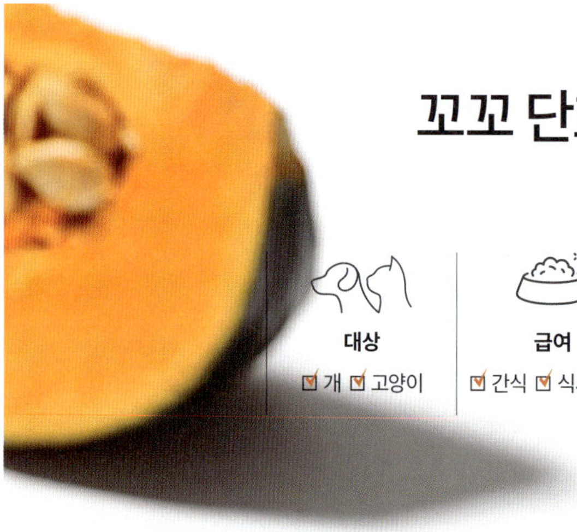

**대상**
☑ 개 ☑ 고양이

**급여**
☑ 간식 ☑ 식사 대체

**식감**
부드럽게 할짝할짝

**칼로리**
총 450kcal

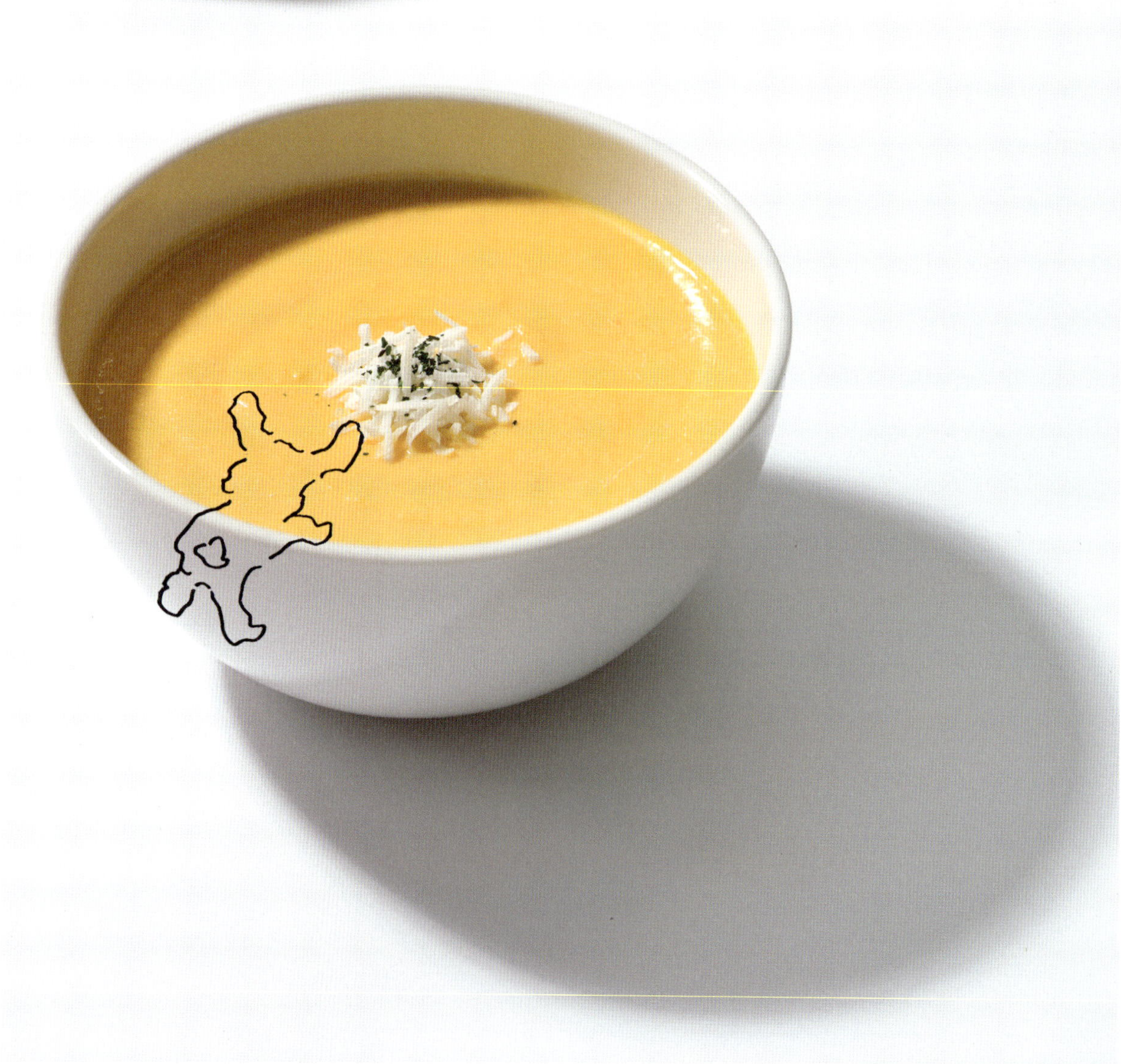

병원을 다녀온 뒤나 스트레스 등으로 입맛이 없어진 아이들에게 영양식으로 매우 좋아요. 특히 농도를 걸쭉하게 만들면 고양이가 좋아하는 짜 먹는 간식으로도 급여할 수 있지요. 베타카로틴이 풍부한 단호박과 당근이 함께 들어가 항산화 작용이 뛰어난 꼬꼬 단호박 당근 수프! 뭉근하게 끓이다 보면 어느새 제 배도 꼬르륵거린답니다.

### 조리 시간 60분
- 닭가슴살 1과 1/3개(200g)
- 단호박 1/3개(200g)
- 당근 1/2개(100g)
- 락토프리 우유 300㎖ 이상
- 올리브유 1작은술(5g)
- 시금치 가루 약간(생략 가능, 만들기 42쪽)
- 코코넛 가루 약간(생략 가능)

- 육류와 채소 모두 알레르기나 기호성에 따라 닭고기는 오리고기나 쇠고기로, 단호박과 당근 대신 브로콜리나 고구마 등으로도 바꿀 수 있죠. 물론 추가로 넣어도 괜찮습니다.
- 농도를 맞추는 것에 유의하세요. 재료가 자박하게 잠길 만큼 락토프리 우유를 넣고 약한 불로 끓여야 합니다. 걸쭉하게 만들어서 짜 먹는 간식을 만들고 싶다면 우유 양을 줄인 후 재료들이 냄비에 눌어붙지 않게 잘 저으세요.
- 뜨거운 음식은 아이들의 잇몸 건강에 치명적입니다. 수프 종류는 특히나 입 안을 다치게 하기 쉬우니, 냉장고에서 잘 식혀 급여하는 것을 권장해요.
- 남은 수프는 소분해서 냉동 보관했다가 해동 후 급여하기 좋아요.
- 올리브유 대신 일반 식용유를 사용해도 됩니다. 단, 포도씨유와 아보카도유는 사용하지 마세요.

1. 손질한 닭가슴살은 적당한 크기로 썬다.
   - 닭가슴살 손질하기 29쪽 참고

2. 단호박과 당근은 0.5cm 두께로 썬다.

3. 냄비에 닭가슴살, 단호박, 당근을 넣고 올리브오일을 두른 뒤 약한 불에서 10분간 볶는다.

4. 모든 재료가 살짝 잠길 정도로 락토프리 우유를 부어 중약 불에서 푹 익을 때까지 15~20분간 끓인다.
   - 단호박과 당근이 눌어붙지 않게 저어주세요.

5. 믹서기에 담아 곱게 간다. 그릇에 옮겨 담고 시금치 가루, 코코넛 가루를 기호에 맞게 뿌린다.
   - 농도가 걸쭉하다면 락토프리 우유를 조금씩 넣어서 농도를 맞춰요.

# 명태 양배추 콜리플라워 수프

| 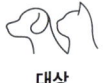 |  |  |  |
|---|---|---|---|
| 대상<br>☑ 개 ☑ 고양이 | 급여<br>☑ 간식 ☑ 식사 대체 | 식감<br>낼름낼름, 부들부들 | 칼로리<br>총 400kcal |

입맛 없을 때 주기 좋은 명태 양배추 콜리플라워 수프를 소개할게요. 염분을 제거한 명태살은 단백질이 풍부해서 아이들에게 영양소를 채워주기 좋죠. 여기에 양배추와 콜리플라워가 더해지면 비타민도 함께 보충할 수 있어요. 고양이의 경우 짜 먹는 간식처럼 급여해도 좋습니다.

**조리 시간 60분**
- 명태살 200g
- 양배추 1/5개(200g)
- 콜리플라워 1/2개(50g)
- 락토프리 우유 300㎖ 이상
- 시금치 가루 약간(생략 가능, 만들기 42쪽)

1 명태살은 염분을 제거하고 키친타월에 올려 물기를 없앤다.
• 명태살 염분 제거하기 28쪽 참고

2 명태살, 양배추, 콜리플라워는 한입 크기로 썬다.

3 냄비에 ②를 넣고 재료가 살짝 잠길 정도로 락토프리 우유를 붓는다. 중약 불에서 명태살이 익을 때까지 15~20분간 끓인다.

4 믹서에 넣고 곱게 간다. 그릇에 담고 시금치 가루를 뿌린다.
• 너무 걸쭉하다면 락토프리 우유를 추가해 농도를 맞추세요.

- 명태는 잔가시가 많으니 반드시 가시 등이 잘 제거된 명태살을 구매하세요. 인터넷에서 '명태블록' 또는 '명태살 블록'으로 검색하면 돼요.
- 뜨거운 음식은 아이들의 잇몸 건강에 치명적입니다. 특히 수프 종류는 입 안을 다치게 하기 쉬우니, 냉장고 등에서 잘 식혀 급여하는 것을 권장해요.
- 채소의 종류와 양은 기호에 따라 바꿔도 됩니다. 재료가 늘어나면 명태살과 락토프리 우유의 양도 같이 늘려서 요리하세요.
- 남은 수프는 한 번에 급여할 만큼씩 소분해서 냉동 보관했다가 해동 후 급여하기 좋아요.

# SPECIAL DAY

특별한 날, 소중한 반려동물을 위해 만드는
사랑과 정성이 듬뿍 담긴 폼 나는 요리

# 두부 카나페

| 대상 | 급여 | 식감 | 칼로리 |
|---|---|---|---|
| ☑ 개 ☑ 고양이 | ☑ 간식 ☑ 식사 대체 | 부드러움, 아삭아삭 | 총 330kcal |

와인 안주로 손색없는 핑거푸드 카나페! 어느 날 문득 저녁 식탁을 보고 아이들을 위한 카나페도 만들어보고 싶었어요. 부드러운 닭가슴살 무스를 올린 두부 카나페는 부드러운 식감에 노령견, 노령묘 아이들도 잘 먹습니다. 채소를 편식하는 반려동물들도 닭가슴살 무스에 버무려진 채소는 아삭아삭 잘 먹어요.

**조리 시간 40분**
- 두부 1모(300g)
- 빨간색 파프리카 1/6개(20g)
- 노란색 파프리카 1/6개(20g)
- 오이 1/10개(20g)
- 닭가슴살 1/3개(50g)
- 코코넛 가루 1/2작은술
- 시금치 가루 1/2작은술(생략 가능, 만들기 42쪽)
- 올리브유 1작은술(5g)
- 바질 3장(생략 가능)

- 두부의 종류는 크게 상관없어요.
- 닭가슴살 대신 다른 육류를 사용해도 되지만, 다른 육류의 경우에는 닭가슴살처럼 하얀 무스 색감을 내기는 어렵습니다.
- 레시피에 상관없이 원하는 채소를 토핑으로 이용해도 됩니다.
- 올리브유 대신 일반 식용유를 사용해도 됩니다. 단, 포도씨유와 아보카도유는 사용하지 마세요.

1 두부를 끓는 물에 10분간 데쳐서 염분을 없앤다. 데친 두부는 찬물에 식혀 키친타월로 물기를 없앤다.

2 손질한 닭가슴살은 4등분한다. 끓는 물에 넣어 10분간 삶아서 완전히 익힌다.
• 닭가슴살 손질하기 29쪽 참고

3 파프리카, 오이는 사방 0.5cm 크기로 썬 뒤 코코넛 가루와 함께 섞는다.

4 데친 두부는 1cm 두께로 3장 썬다. 달군 팬에 올리브유를 두르고 두부를 넣어 중간 불에서 앞뒤로 노릇하게 구운 후 접시에 담는다.

5 핸드블렌더에 남은 두부, 삶은 닭가슴살을 넣고 크림과 같은 질감이 될 때 까지 곱게 간다.

6 ⑤의 반죽에 시금치 가루를 넣고 골고루 섞는다. 커플러를 끼운 짤주머니에 반죽을 담는다.
• 짤주머니에 반죽 넣기 31쪽 참고

7 구운 두부 위에 ⑥의 반죽을 짠다. ③의 채소를 올리고 바질을 찢어서 올린다.

# 블루베리 우유 푸딩

| 대상 | 급여 | 식감 | 칼로리 |
|---|---|---|---|
| ☑ 개  ☑ 고양이 | ☑ 간식  ☐ 식사 대체 | 말캉말캉, 탱글탱글 | 총 140kcal |

평생 사료만 먹는다면 이렇게 말캉말캉 재미있는 식감을 느껴볼 수 있을까요? 아이들이 가장 낯설어하면서도 적응하면 가장 좋아하는 식감이 푸딩이에요. 부드럽고 탱글탱글한 식감은 노령 반려동물에게도 인기 만점이랍니다. 처음 먹는 친구들은 허겁지겁 먹어서 목에 걸리지 않게 주의하세요.

### 조리 시간 1시간 30분
- 블루베리(또는 냉동 블루베리) 20g
- 꿀 1큰술 + 1큰술(20g)
- 락토프리 우유 2/3컵(150㎖)
- 한천 가루 1/2작은술(1g)

**1** 작은 냄비에 블루베리와 꿀 1큰술을 넣고 약한 불에서 5분간 저어가며 블루베리 시럽을 만든다.
- 블루베리를 주걱으로 으깨면서 즙이 나오도록 끓인 후 체에 걸러 건더기는 건져내고 사용해요.

**2** 냄비에 락토프리 우유, 한천 가루, 꿀 1큰술을 넣고 골고루 섞는다.

**3** 냄비를 센 불에 올려 우유가 보글보글 끓을 때까지 끓인다.

**4** 끓인 우유는 체에 한 번 걸러서 유리용기에 담아 냉장실에서 1시간 이상 굳힌다. 굳은 푸딩 위에 ①의 블루베리 시럽을 올린다.

- 한천 가루는 뜨거운 상태에서 넣으면 덩어리지니 반드시 불을 켜기 전에 넣고 잘 섞으세요.
- 블루베리 대신 딸기나 라즈베리, 크랜베리, 망고 등을 사용해도 좋습니다.
- 뜨거운 우유 푸딩은 반드시 소독된 유리용기에 부어주세요. 유리로 된 밀폐용기에 담아도 괜찮습니다.
- 말캉거리는 식감이 낯선 친구들이 있을 수 있어요. 처음에는 잘게 으깨서 급여하고, 목에 걸리지 않게 보호자의 지도 하에 급여하세요.

## 초코칩 컵케이크

| 대상 | 급여 | 식감 | 칼로리 |
|---|---|---|---|
| ☑ 개 ☑ 고양이 | ☑ 간식 ☑ 식사 대체 | 촉촉, 부들부들, 쫀득 | 200kcal/1개 |

# 단호박 컵케이크

**대상**
☑ 개  ☑ 고양이

**급여**
☑ 간식  ☑ 식사 대체

**식감**
촉촉, 부들부들

**칼로리**
200kcal/1개

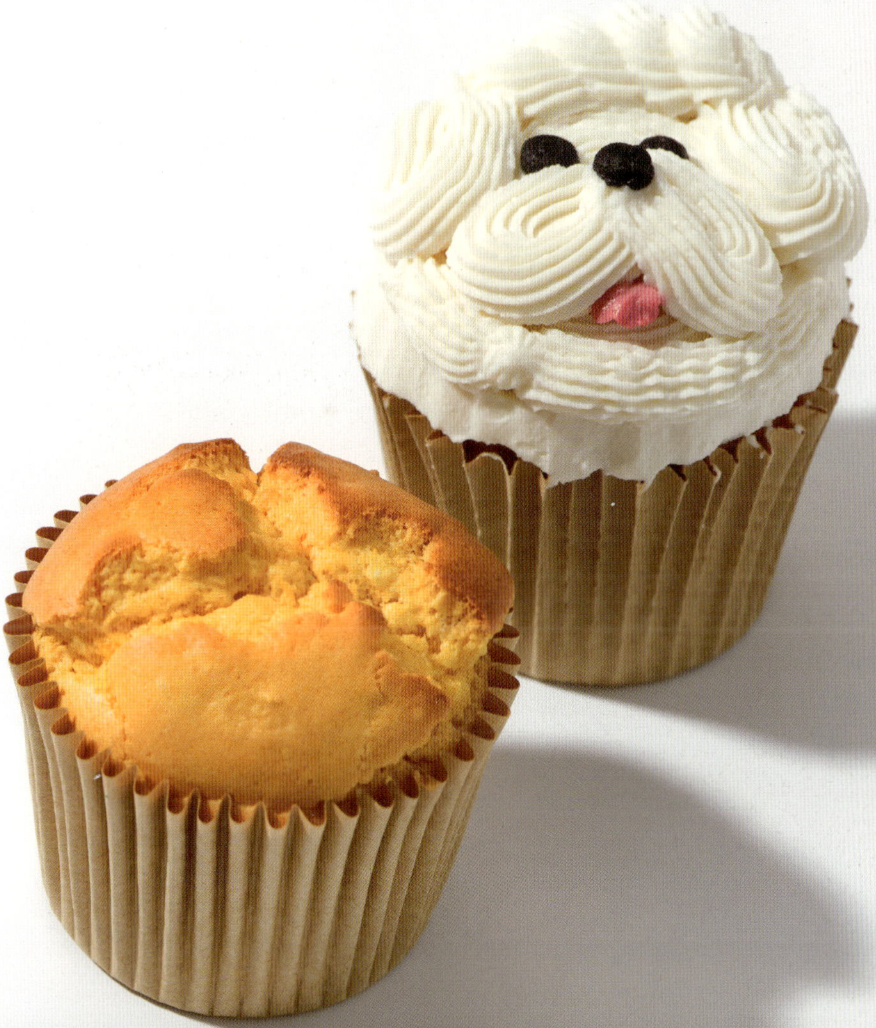

# 초코칩 컵케이크

우리가 좋아하는 초콜릿 컵케이크를 반려동물도 먹을 수 있는 재료로 대체해서 만들었습니다. 바로 캐롭 가루 (설명 20쪽 참고)죠. 반죽에 캐롭 가루를 넣고 구우면 실제로 초콜릿 머핀 냄새가 솔솔 풍깁니다. 소간 칩을 이용해 초코칩 모양까지 만들어보세요.

**조리 시간 40분**
- 오리안심 70g
- 소간 칩 10g(만들기 46쪽)
- 캐롭 가루 1작은술(5g)
- 올리브유 1작은술 + 1큰술(15g)
- 달걀 2개
- 박력 쌀가루 8큰술(80g)
- 락토프리 우유 2큰술(20g)
- 꿀 2큰술(20g)

1 손질한 오리안심은 사방 0.5cm 크기로 잘게 다진다.
• 오리안심 손질하기 29쪽 참고

2 달군 팬에 올리브유 1작은술을 두르고 오리안심을 약 80% 가량만 익힌 뒤 한 김 식힌다.

3 소간 칩을 손으로 똑똑 잘라서 초코칩 모양처럼 만든다.

4 달걀은 흰자와 노른자를 나눠서 볼에 각각 담는다. 노른자가 담긴 믹싱볼에 캐롭 가루를 넣고 잘 섞는다.
• 이 때, 흰자에 노른자가 절대 섞이지 않게 주의하세요.

- 오리안심 대신 알레르기 여부나 기호에 따라 다른 육류나 연어 등으로 대체해도 됩니다.
- 올리브유 대신 일반 식용유를 사용해도 됩니다. 단, 포도씨유와 아보카도유는 사용하지 마세요.
- 머랭을 만들 때 흰자에 노른자가 섞이면 거품이 잘 생기지 않거나 쉽게 풀리니 섞이지 않도록 주의하세요. 또한 꿀을 천천히 조금씩 부어야 머랭이 단단하게 잘 올라와요.
- 천연 가루 등을 이용해서 조색을 하면 다양한 색깔의 머핀을 만들 수 있어요.
- 다용도 두부크림(만들기 40쪽)을 이용해서 머핀 위에 생크림처럼 장식하실 수 있어요. 다양한 깍지를 이용해서 크림 파이핑 데코레이션도 가능합니다.

5 흰자는 휘핑기를 고속으로 올려 머랭을 만든다. 머랭이 30% 정도 올라왔을 때 꿀을 넣고 계속 휘핑해서 단단한 머랭을 만든다.

6 완성된 머랭에 ④를 넣고 휘핑기의 저속으로 가볍게 섞는다. 박력 쌀가루는 체에 쳐서 넣는다
- 가루는 반드시 체 쳐서 넣고, 너무 많이 섞으면 머랭이 풀려버리니 가볍게만 섞으세요.

7 올리브유 1큰술, 락토프리 우유를 넣고 주걱으로 머랭이 꺼지지 않게 반죽을 섞다가 볶아 둔 오리안심을 넣고 한 번 더 섞는다.

8 머핀 틀에 머핀 유산지를 끼운 뒤 반죽을 골고루 담는다. 160℃로 예열된 오븐에서 15분간 굽는다.
- 반죽은 유산지의 90% 정도만 채웁니다.

9 구워진 머핀을 꺼내서, 준비해 둔 소간 칩을 머핀 위에 골고루 꽂아 초코칩 머핀처럼 꾸민다. 다시 한 번 160℃로 예열된 오븐에서 15분간 더 굽는다.

## 단호박 컵케이크

특별한 날 아이들을 위해 만들어 주기 좋은 컵케이크 베이킹을 준비했어요! 요즘은 생일뿐만 아니라 입양, 출산, 퇴원, 꽃도장 등 아이들이 축하받는 날이 다양한데요. 오븐에서 퍼져 나오는 고소한 빵 냄새로 행복 바이러스가 퍼질 거예요. 저희는 베이킹의 가장 큰 장점은 '나눔'에 있다고 생각합니다. 오븐 가득 컵케이크를 구워 주변 반려동물 친구들에게도 선물해보세요.

**조리 시간 40분**
- 닭가슴살 1/2개(70g)
- 올리브유 1작은술 + 1큰술(15g)
- 달걀 2개
- 단호박 1/10개(50g)
- 박력 쌀가루 8큰술(80g)
- 락토프리 우유 2큰술(20g)
- 꿀 2큰술(20g)

1 찜기에 단호박을 15분간 찐 뒤, 껍질을 벗기고 한 김 식힌다.

2 손질한 닭가슴살은 사방 0.5cm 크기로 잘게 다진다.
• 닭가슴살 손질하기 29쪽 참고

3 달군 팬에 올리브유 1작은술을 두르고 닭가슴살을 약 80% 가량만 익힌 뒤 한 김 식힌다.

4 달걀은 흰자와 노른자를 나눠서 믹싱볼에 각각 준비한다. 노른자가 담긴 볼에 찐 단호박을 넣고 고무주걱으로 으깨면서 섞는다.
• 이 때, 흰자에 노른자가 절대 섞이지 않게 주의하세요.

- 닭가슴살 대신 알레르기 여부나 기호에 따라 다른 육류나 연어 등으로 대체해도 됩니다.
- 올리브유 대신 일반 식용유를 사용해도 됩니다. 단, 포도씨유와 아보카도유는 사용하지 마세요.
- 머랭을 만들 때 흰자에 노른자가 섞이면 거품이 잘 생기지 않거나 쉽게 풀리니 섞이지 않도록 주의하세요. 또한 꿀을 천천히 조금씩 부어야 머랭이 단단하게 잘 올라와요.
- 천연 가루 등을 이용해서 조색을 하면 다양한 색깔의 머핀을 만들 수 있어요.
- 다용도 두부크림(만들기 40쪽)을 이용해서 머핀 위에 생크림처럼 장식하실 수 있어요. 다양한 깍지를 이용해서 크림 파이핑 데코레이션도 가능합니다.

5 흰자는 휘핑기를 고속으로 올려 머랭을 만든다. 머랭이 30% 정도 올라왔을 때 꿀을 넣고 계속 휘핑해서 단단한 머랭을 만든다.

6 완성된 머랭에 ④를 붓고 휘핑기의 저속으로 가볍게 섞는다.
- 너무 많이 섞으면 머랭이 풀려버리니 가볍게만 섞으세요.

7 박력 쌀가루는 체를 쳐서 넣는다.
- 반드시 체 쳐서 넣으세요.

8 올리브유 1큰술, 락토프리 우유를 넣어 주걱으로 머랭이 꺼지지 않게 섞고 닭가슴살을 넣어 한 번 더 섞는다.

9 머핀 틀에 머핀 유산지를 끼운 뒤 반죽을 골고루 담는다. 160°C로 예열된 오븐에서 30분간 굽는다.
- 반죽은 유산지의 90% 정도만 채워줍니다.

# 연어 고구마 컵케이크

|  |  |  |  |
|---|---|---|---|
| **대상** ☑ 개 ☑ 고양이 | **급여** ☐ 간식 ☑ 식사 대체 | **식감** 촉촉, 부들부들 | **칼로리** 총 600kcal |

포슬포슬하고 촉촉한 컵케이크! 컵케이크 속 들어가는 재료는 아이들이 좋아하는 재료로 얼마든지 대체할 수 있어요. 달큰한 고구마와 맛있는 냄새가 솔솔 나는 연어가 들어간 컵케이크를 만들어주세요. 먹다 보면 콕콕 박힌 연어에 아이들 눈이 휘둥그레질 거예요.

**조리 시간 40분**
- 연어 30g
- 찐 고구마 1/3개(30g)
- 올리브유 1작은술 + 1큰술(15g)
- 달걀 2개
- 박력 쌀가루 8큰술(80g)
- 락토프리 우유 2큰술(20g)
- 꿀 2큰술(20g)

1 찐 고구마는 껍질을 벗기고 사방 0.5cm 크기로 썬다.
- 고구마 찌기 30쪽 참고

2 연어는 깨끗이 씻은 후 키친타월로 물기를 없애고, 사방 0.5cm 크기로 썬다.

3 달군 팬에 올리브유 1작은술을 두르고 연어를 올린다. 80% 정도 익힌 후 키친타월에 올려 기름기를 없앤다.

4 달걀은 흰자와 노른자를 나눠 볼에 각각 담는다. 흰자는 머랭이 30% 정도 올라왔을 때 꿀을 넣고 계속 휘핑해서 단단한 머랭을 만든다.
- 이 때, 흰자에 노른자가 절대 섞이지 않게 주의하세요.

- 연어 대신 알레르기 여부나 기호에 따라 다른 육류 등으로 대체해도 됩니다.
- 올리브유 대신 일반 식용유를 사용해도 됩니다. 단, 포도씨유와 아보카도유는 사용하지 마세요.
- 머랭을 만들 때 흰자에 노른자가 섞이면 거품이 잘 생기지 않거나 쉽게 풀리니 섞이지 않도록 주의하세요. 또한 꿀을 천천히 조금씩 부어야 머랭이 단단하게 잘 올라와요.
- 천연 가루 등을 이용해서 조색을 하면 다양한 색깔의 머핀을 만들 수 있어요.
- 다용도 두부크림(만들기 40쪽)을 이용해서 머핀 위에 생크림처럼 장식하실 수 있어요. 다양한 깍지를 이용해서 크림 파이핑 데코레이션도 가능합니다.

5 완성된 머랭에 노른자를 붓고 휘핑기를 저속으로 가볍게 섞는다.
- 너무 많이 섞으면 머랭이 풀려버리니 가볍게만 섞으세요.

6 박력 쌀가루를 체를 쳐서 넣는다.
- 반드시 체 쳐서 넣으세요.

7 올리브유 1큰술과 락토프리 우유를 넣고 주걱으로 머랭이 꺼지지 않게 반죽을 섞다가 찐 고구마와 연어를 2/3분량씩 넣고 한 번 더 섞는다.

8 머핀 틀에 머핀 유산지를 끼운 뒤 반죽을 골고루 담는다.
- 반죽은 유산지의 90% 정도만 채워줍니다.

9 남은 찐 고구마와 연어를 반죽 위에 한 번 더 토핑으로 올린다. 160°C로 예열된 오븐에서 30분간 굽는다.

## 컵케이크 데코하기

특별한 날을 위해 좀 더 먹음직스럽고 예쁜 컵케이크로 꾸며보세요.
간단한 방법이지만 화려하게 변신 가능하답니다.

**준비물**
- 아이스크림 스쿱
- 다용도 두부크림(만들기 40쪽)
- 천연 가루(단호박, 자색고구마, 케일, 캐롭 등)
- 과일(블루베리, 딸기 등)
- 허브(애플민트, 타임, 로즈마리 등)
  - 반드시 인공색소가 아닌 천연 가루를 이용해 조색하세요.

1. 다용도 두부크림을 만든다.
2. 크림에 원하는 색상의 천연 가루를 넣어 조색한다.
   - 노란색-단호박 가루,
     보라색-자색고구마 가루,
     초록색-케일 가루,
     초코색-캐롭 가루
3. 아이스크림 스쿱으로 크림을 가득 담아서 완성된 컵케이크 위에 올린다.
4. 크림 위에 원하는 과일, 채소, 허브 등으로 데코레이션한다.
   - 보라색 크림 위에 블루베리, 노란색 크림 위에 찐 단호박을 잘라서 올리면 잘 어울려요.
   - 특별한 날이라면 귀여운 초를 꽂아서 포인트를 주는 것도 좋고, 식용 금박을 조금씩 올려도 좋아요.

46

# 애플파이

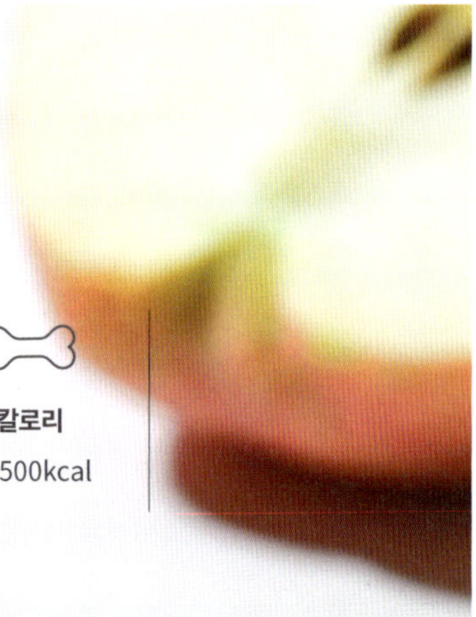

| 대상 | 급여 | 식감 | 칼로리 |
|---|---|---|---|
| ☑ 개 ☐ 고양이 | ☑ 간식 ☑ 식사 대체 | 퍼석퍼석, 말캉말캉 | 총 500kcal |

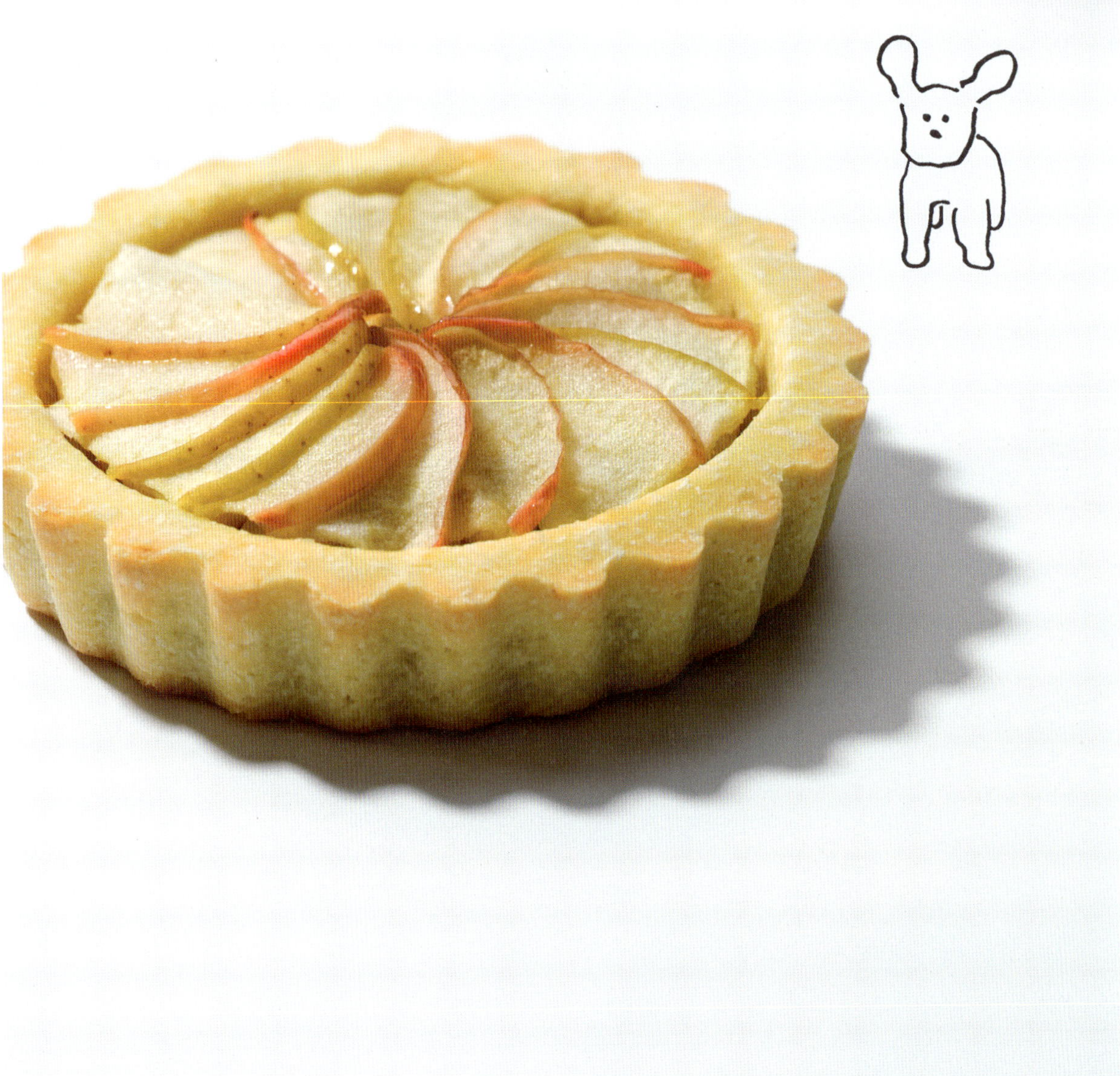

갓 구워낸 애플파이가 주는 뜨끈한 행복을 모르는 분 없으시죠? 우리 아이들에게도 이 행복을 선사해주고 싶었어요. 아이들을 위해 사과를 졸이고 볶는 동안 달큰한 향이 전해주는 행복에 만드는 우리도 기분이 좋아지는 요리입니다.

**조리 시간 50분**
- 닭가슴살 1/5개(30g)
- 사과 1/2개
- 꿀 1작은술 + 1작은술
- 생수 1/5컵(40㎖)
- 올리브유 1작은술(5g)

**타르트 반죽**
- 박력 쌀가루 6큰술(60g)
- 코코넛 가루 2큰술(20g)
- 달걀 1개

- 고양이에게 간식으로 급여해도 큰 문제는 없지만, 기호성이 높은 간식도 아닐 뿐더러 소화하기 힘든 탄수화물 함량이 높은 요리입니다.
- 사과는 씨앗을 잘 제거하고 사용하세요.
- 닭가슴살 대신 오리고기나 쇠고기 등 다른 육류로 변경해도 됩니다. 단, 오리고기와 쇠고기를 사용하면 사과와 색상 차이가 나서 먹음직스러워 보이지 않을 수 있어요.
- 올리브유 대신 일반 식용유를 사용해도 됩니다. 단, 포도씨유와 아보카도유는 사용하지 마세요.

1 타르트 시트를 완성한다.
- 타르트 시트 굽기 31쪽 참고

2 손질한 닭가슴살은 사방 0.5cm 크기로 썬다. 달군 팬에 올리브유를 두르고 중간 불에서 닭가슴살을 80% 정도만 익도록 2~3분간 볶는다.
- 닭가슴살 손질하기 29쪽 참고

3 사과는 씨를 제거한 후 반으로 나눠서 절반은 사방 0.5cm 크기로 썰고, 나머지는 0.3cm 두께로 얇게 썬다.

4 달군 팬에 큐브 모양으로 썬 사과, 꿀 1작은술을 넣고 약한 불에 졸인 뒤 볶은 닭가슴살과 섞어서 필링을 만든다.

5 냄비에 얇게 썬 사과, 사과가 살짝 잠길 정도의 생수와 꿀 1작은술을 넣고 약한 불에서 사과가 흐물거릴 정도로 끓인다. 끓인 사과는 건져서 키친타월로 물기를 없앤다. 끓인 물은 따로 둔다.

6 구운 타르트 시트에 ④의 필링을 담고, 얇게 썬 사과를 한 장씩 올린다. 160°C로 예열된 오븐에서 약 10분간 굽는다.
- 사과 표면에 사과 끓인 꿀물을 붓으로 살짝 발라요.

# 미트파이

| 대상 | 급여 | 식감 | 칼로리 |
|---|---|---|---|
| ☑ 개 ☑ 고양이 | ☑ 간식 ☑ 식사대체 | 퍼석퍼석, 육즙 팡팡 | 총 600kcal |

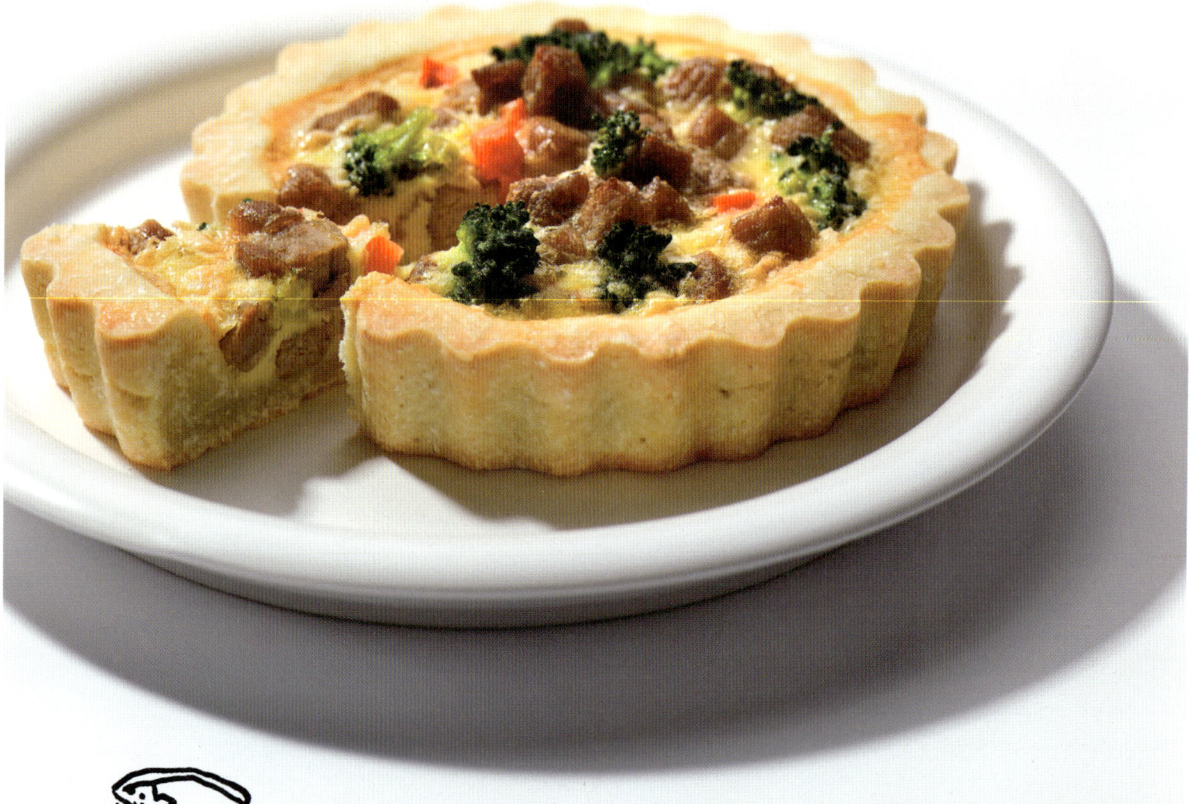

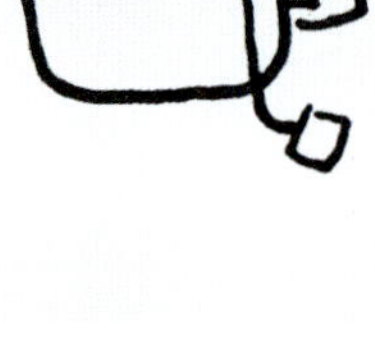

미트파이는 맛있는 고기와 빵을 함께 즐길 수 있어서 저희도 좋아하는 요리지요. 개와 고양이에게도 이 행복 넘치는 맛을 전달해주고 싶지 않으세요? 반려동물들에게도 건강한 재료로 맛있는 미트파이를 만들어주세요.

**조리 시간 50분**
- 쇠고기 홍두깨살 100g
- 데친 브로콜리 1/20개(10g)
- 당근 1/20개(10g)
- 올리브유 1작은술(5g)
- 달걀 1개

**타르트 반죽**
- 박력 쌀가루 6큰술(60g)
- 코코넛 가루 2큰술(20g)
- 달걀 1개

- 홍두깨살은 우둔살 등 다른 쇠고기 부위를 이용해도 됩니다. 하지만 지방이 많은 부위는 추천하지 않아요.
- 타르트 반죽을 만들 때 코코넛 가루는 생략 가능합니다. 기호에 따라 다른 채소를 더 넣어도 좋아요.
- 알레르기나 기호성에 따라 쇠고기 대신 닭고기, 오리고기, 말고기 등 다른 육류로 대체해도 좋아요.
- 올리브유 대신 일반 식용유를 사용해도 됩니다. 단, 포도씨유와 아보카도유는 사용하지 마세요.

**1** 타르트 시트를 완성한다.
- 타르트 시트 굽기 31쪽 참고

**2** 당근, 홍두깨살은 사방 0.5cm 크기로 썰고 데친 브로콜리는 초록색 머리 부분만 떼어낸다.
- 홍두깨살 손질하기 29쪽, 브로콜리 데치기 30쪽 참고

**3** 달군 팬에 올리브유를 두르고 중간 불에서 홍두깨살을 넣어 3분간 볶다가 당근을 넣고 1분 더 볶는다.

**4** 타르트 시트에 볶은 홍두깨살과 당근을 소복이 담고 중간중간에 브로콜리를 꽂아 색감을 살린다.

**5** 볼에 달걀을 풀어 달걀물을 만든다. 달걀물이 타르트 필링 사이사이로 스며들도록 천천히 붓는다. 160℃로 예열된 오븐에서 15~20분간 굽는다.

48

# 연어키쉬

| 대상 | 급여 | 식감 | 칼로리 |
|---|---|---|---|
| ☑ 개 ☑ 고양이 | ☑ 간식 ☑ 식사 대체 | 퍼석퍼석, 부들부들 | 총 550kcal |

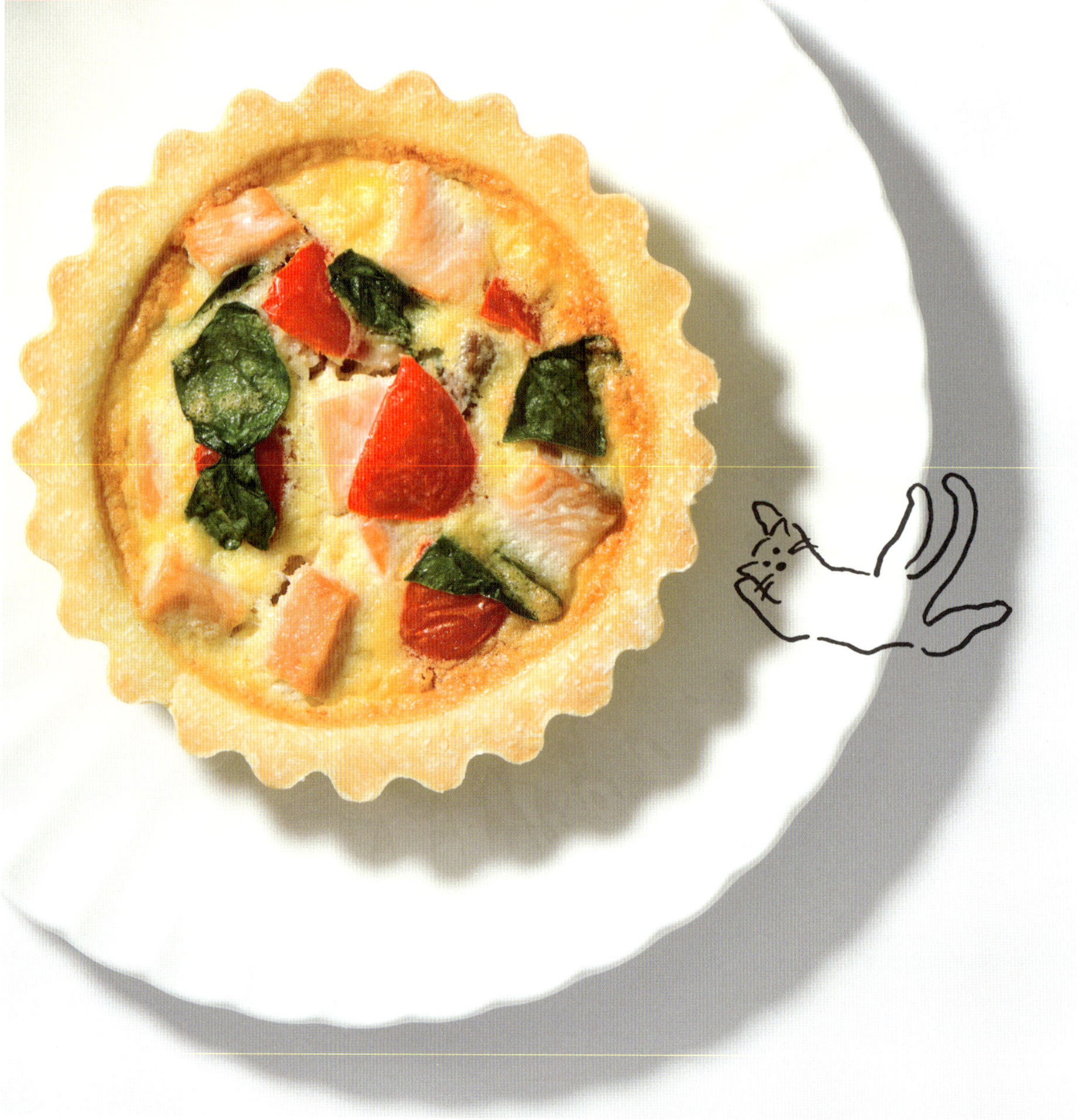

부들부들한 식감의 맛을 알려주고 싶어서 키쉬를 만들게 되었어요. 데친 시금치와 토마토도 함께 넣어서 다양한 식감과 다양한 맛을 함께 느낄 수 있는 요리예요. 재료 본연이 뿜어내는 달큰한 향은 아이들의 흥미를 자극하고, 다채로운 색감까지 더해져 보기도 좋고 먹기도 좋은 훌륭한 펫다이닝 요리랍니다.

**조리 시간 50분**
- 연어 50g
- 시금치 2장
- 방울토마토 1개
- 당근 1/10개(20g)
- 박력 쌀가루 1큰술(10g)
- 락토프리 우유 1큰술(10㎖)
- 달걀 1개

**타르트 반죽**
- 박력 쌀가루 6큰술(60g)
- 코코넛 가루 2큰술(20g)
- 달걀 1개

- 홍연어, 첨연어 등 연어 종류는 상관없지만 잔가시 등이 잘 손질된 것을 이용하세요.
- 시금치는 수산의 함량이 높은 편이라 장기간 급여 시 몸에 쌓이고, 다른 미네랄의 흡수를 방해하기도 합니다. 번거롭더라도 물에 한 번 데쳐서 사용하세요.
- 토마토의 씨앗에는 '솔라닌'이라는 독성성분이 있어 아이들에게 위험할 수 있습니다. 작은 숟가락을 이용해 씨 부분을 파내면 좋아요.
- 채소의 종류와 양은 기호에 따라 변경해도 됩니다.

1. 타르트 시트를 완성한다.
   - 타르트 시트 굽기 31쪽 참고

2. 끓는 물에 시금치를 넣어 살짝 데친다.

3. 당근은 사방 0.5cm 크기로 썰고, 방울토마토는 4등분하여 안에 씨를 제거한다. 연어는 흐르는 물에 씻어 키친타월로 물기를 없애고 사방 1cm 크기로 썬다.

4. 핸드블렌더에 박력 쌀가루, 락토프리 우유, 달걀을 넣고 곱게 간 후 체에 거른다.

5. 구운 타르트 시트에 연어, 당근, 방울토마토, 시금치를 올린다. 그 위에 ④의 반죽을 골고루 붓는다. 160℃로 예열된 오븐에서 약 30분간 굽는다.

CONTEST

**달자(7세) :** 치즈를 좋아하는 새침떼기 공주님. 케이지를 싫어하지만 치즈만 있다면 제주도도 거뜬히 다녀올 수 있지요.

**코코(3세) :** 애교만점 귀요미. 닭고기와 고구마를 외치면 자다가도 벌떡 일어나 난리 부르스인 코코에게 더 맛나고 건강한 수제 간식을 만들어주고 싶어요.

**라온(1세) :** 줄 풀면 남의 개, 손님 오면 손님개! 인싸만렙 1살 라온이에요. 입이 짧고 사료를 잘 안 먹어 쪼꼬미인데 직접 만들어주는 수제 간식은 잘 먹는 아이지요.

• 출간 기념 '나의 반려동물 포토 콘테스트'에 참여한 사진들입니다.

## [ 가나다순 메뉴 찾기 ]

**ㄱ**
꼬꼬 단호박 당근 수프  118

**ㄷ**
다용도 두부크림  40
단호박 고구마무스 닭가슴살 스테이크  90
단호박 우유껌  68
단호박 컵케이크  129
닭가슴살 스틱  48
닭가슴살 치즈 소시지  86
닭가슴살 칩  50
닭고기 카레덮밥  102
댕냥 시리얼  70
두부 감자전  80
두부 라자냐  111
두부 카나페  124
딸기 바나나 스무디  76

**ㅁ**
멍냥치킨  88
명태 달걀 볶음밥  104
명태 두부 스틱  64
명태 양배추 콜리플라워 수프  120
무염 황태 가루  44
미네스트로네 수프  116
미트파이  140

**ㅂ**
반건조 닭안심 스테이크  52
베지 스틱  66
블루베리 요거트 스무디  74
블루베리 우유 푸딩  126
비프 스테이크 크림 리조또  110

**ㅅ**
소간 가루  46
쇠고기 샐러드  98
쇠고기 스틱  60

쇠고기 칩  62
수박 오이 스무디  72
시금치 가루  42

**ㅇ**
애플파이  138
어묵볼 꼬치  84
연어 고구마 컵케이크  134
연어 파피요트  100
연어키쉬  142
오리 근위 육포  58
오리안심 떡갈비 스테이크  94
오리안심 스틱  54
오리안심 칩  55

**ㅊ**
찹 스테이크  92
초코칩 컵케이크  128

**ㅋ**
코티지 치즈  38

**ㅌ**
톳 오리안심 테린  96

**ㅍ**
펜네 크림 파스타  106
푸실리 로제 파스타  108

**ㅎ**
황태 치즈볼  82

CONTEST

• 출간 기념 '나의 반려동물 포토 콘테스트'에 참여한 사진들입니다.

**오월이(1세)** : 8개월 아기와 살고있는 천방지축 오월이에요.
사람을 정말 좋아하고 고양이처럼 손을 잘 쓰는
똑똑이 푸들이랍니다.

**겨울이(7세)** : 잘 때도 제 어깨에 기대서 자는 개냥이에요.
엄마 출근 준비할 때면 자다가도 뛰어와서 옆에 붙어있는 아이랍니다.
사료만 먹는 겨울이를 위해 이제 엄마표 수제 간식을 만들어주고 싶어요.

## [ 재료별 메뉴 찾기 ]

### 채소 & 과일
꼬꼬 단호박 당근 수프   118
단호박 우유껌   68
단호박 컵케이크   129
댕냥 시리얼   70
두부 감자전   80
딸기 바나나 스무디   76
명태 양배추 콜리플라워 수프   120
미네스트로네 수프   116
베지 스틱   66
블루베리 요거트 스무디   74
블루베리 우유 푸딩   126
수박 오이 스무디   72
시금치 가루   42
애플파이   138
연어 고구마 컵케이크   134

### 두부 & 우유
다용도 두부크림   40
단호박 우유껌   68
두부 감자전   80
두부 라자냐   111
두부 카나페   124
명태 두부 스틱   64
블루베리 우유 푸딩   126
코티지 치즈   38

### 닭고기
단호박 고구마무스 닭가슴살 스테이크   90
닭가슴살 스틱   48
닭가슴살 치즈 소시지   86
닭가슴살 칩   50
닭고기 카레덮밥   102

멍냥치킨   88
반건조 닭안심 스테이크   52
펜네 크림 파스타   106

### 오리고기
오리 근위 육포   58
오리안심 떡갈비 스테이크   94
오리안심 스틱   54
오리안심 칩   55
톳 오리안심 테린   96

### 쇠고기
미트파이   140
비프 스테이크 크림 리조또   110
소간 가루   46
쇠고기 샐러드   98
쇠고기 스틱   60
쇠고기 칩   62
찹 스테이크   92
초코칩 컵케이크   128

### 생선
명태 달걀 볶음밥   104
명태 두부 스틱   64
명태 양배추 콜리플라워 수프   120
무염 황태 가루   44
어묵볼 꼬치   84
연어 고구마 컵케이크   134
연어 파피요트   100
연어키쉬   142
푸실리 로제 파스타   108
황태 치즈볼   82

CONTEST

• 출간 기념 '나의 반려동물 포토 콘테스트'에 참여한 사진들입니다.

**문베리(7세)** : 호기심 많아 구석구석 탐방하길 좋아하면서도 도도한 냥이에요. 연어, 참치 종류의 생선맛 캔이나 츄르를 가리지 않고 다 잘 먹어요.

**교빈이(7세)** : 유기견 입양 카페에서 봉사하다 만난 누나 껌딱지 교빈이에요. 낯가림이 많은 친구였는데 저에게 와서 기대어주던 아이를 입양했어요. 아토피성 알레르기가 있지만 고기를 워낙 좋아해요.

**호두(8세)** : 껌딱지처럼 집사를 따라다니지만 거리두기 30cm를 유지하는 겁많은 과묵냥 호두예요. 생선이 들어가는 사료를 좋아하고, 참치캔도 입맛에 맞는 것만 골라 먹지요. 연어, 흰살생선, 달걀노른자를 좋아해요.

늘 곁에 두고 활용하는 소장가치 높은 책을 만듭니다 **레시피팩토리**

홈페이지 www.recipefactory.co.kr

## 이 책의 독자들에게 추천하는 비건 요리 & 베이킹책

### < 채식 연습 >
이현주 지음 / 224쪽

한 번쯤 채식을 생각본 당신이라면 꼭 봐야 할 책.
고기만 뺀 단순한 채식이 아닌
맛은 물론 영양 균형, 재료의 성질, 궁합까지 고려해
천천히 즐기면서 채식과 친해지기.

### < 홀그레인 비건 베이킹 >
베지어클락 김문정 지음 / 168쪽

비건 베이킹이 이렇게 맛있고 예쁠 수 있나요?
다양한 통곡물 가루와 견과, 씨앗, 채소, 과일을 더해
맛, 식감, 영양, 비주얼까지 업그레이드 시킨 비건 베이킹.
이제 비건 베이킹보다 홀그레인 비건 베이킹!

### < 홀그레인 채소 요리 >
베지어클락 김문정 지음 / 176쪽

동물성 식품을 식탁에서 없애는 채식을 넘어
근본적으로 채소를 더 맛있게, 멋지게, 즐겁게!
비건이 아닌 누구라도 매일 건강하게
즐길 수 있는 다채로운 채소 요리.

### < 채식이 맛있어지는 우리집 사찰음식 >
사찰음식 연구가 정재덕 지음 / 308쪽

고기가 들어가지 않아도 맛있는 일품요리부터
자연 그대로의 반찬, 건강한 주전부리 등 163가지 레시피.
멀게만 느껴졌던 사찰음식을 쉽게 만드는 방법을
알려주는 채식요리 스테디셀러.

• 출간 기념 '나의 반려동물 포토 콘테스트'에 참여한 사진들입니다.

**노란털 치즈냥이부터 시계 방향으로
나비(5살), 호두(2살), 희동(3살), 호치(5살) :**
엄마 호치, 아빠 희동, 딸내미 호두는 한 가족이에요.
네 냥이 모두 닭가슴살을 엄청 좋아하고 애교 만점인
개냥이들이랍니다.

**완다(3세), 토르(4세), 나타샤(4세) :** 뭐든 잘 먹는 시바견 3인방 가족이에요. 식탐이 어마어마해 기호성 확인이 불가한 수준이에요, 하하!
사람을 좋아해서 '안녕하세요' 인사도 할 수 있는 똑똑한 친구들이랍니다.

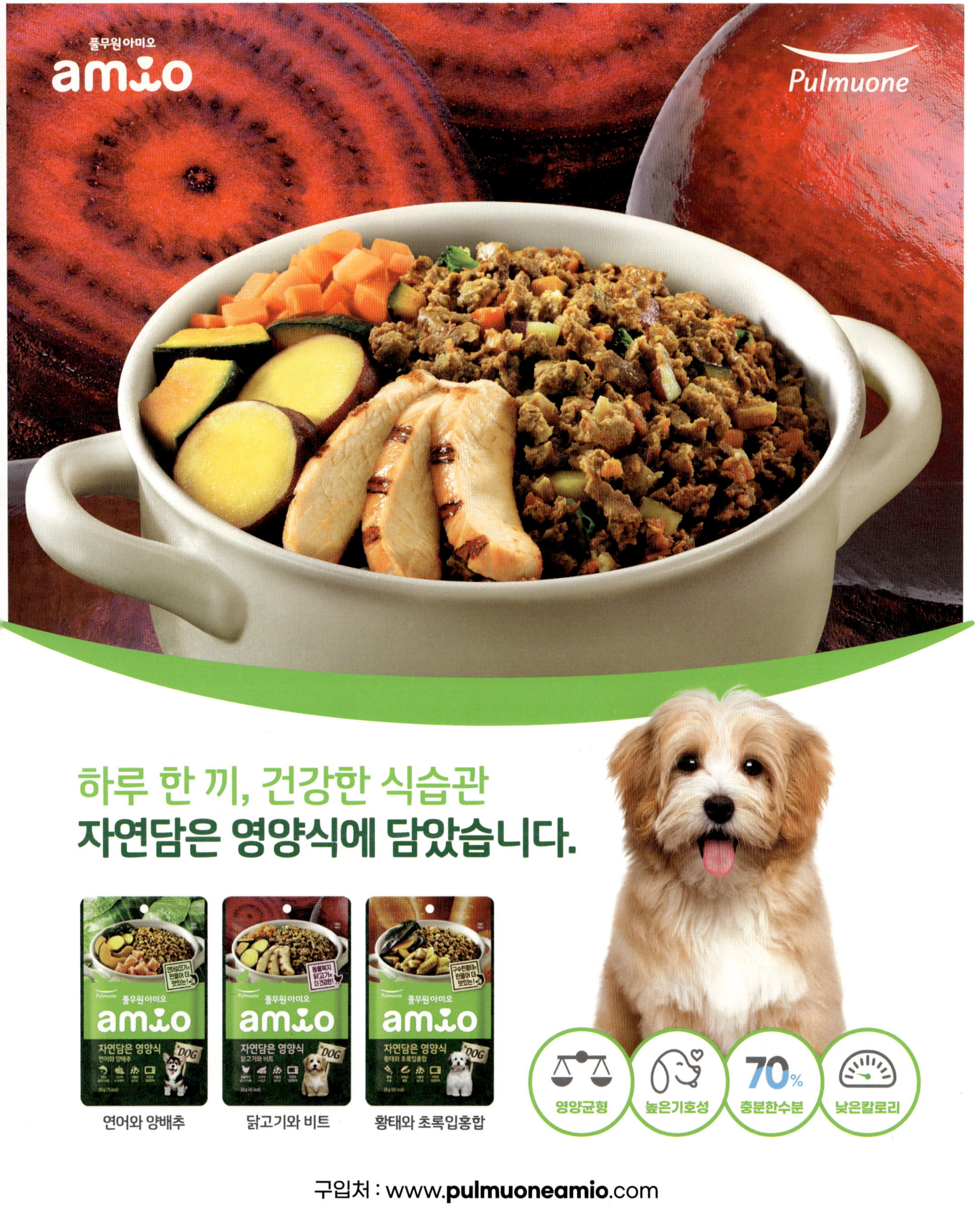

# amio
풀무원아미오

**Pulmuone**

## 하루 한 끼, 건강한 식습관
## 자연담은 영양식에 담았습니다.

연어와 양배추

닭고기와 비트

황태와 초록입홍합

영양균형 | 높은기호성 | 70% 충분한수분 | 낮은칼로리

구입처 : www.pulmuoneamio.com

나의
**반려견 반려묘**
요리책

더 오래 건강하게 함께하고 싶어서

| | |
|---|---|
| 1판 1쇄 펴낸 날 | 2022년 11월 10일 |

| | |
|---|---|
| 편집장 | 김상애 |
| 편집 | 김민아 |
| 디자인 | 임재경 |
| 사진 | 박형인(studio tom) |
| 일러스트 | 김민정 |
| 영업·마케팅 | 김은하·고서진 |

| | |
|---|---|
| 편집주간 | 박성주 |
| 펴낸이 | 조준일 |

| | |
|---|---|
| 펴낸곳 | (주)레시피팩토리 |
| 주소 | 서울특별시 용산구 한강대로 95 래미안용산더센트럴 A동 509호 |
| 대표번호 | 02-534-7011 |
| 팩스 | 02-6969-5100 |
| 홈페이지 | www.recipefactory.co.kr |
| 애독자 카페 | cafe.naver.com/superecipe |
| 출판신고 | 2009년 1월 28일 제25100-2009-000038호 |

| | |
|---|---|
| 제작·인쇄 | (주)대한프린테크 |

값 17,600원

ISBN 979-11-92366-11-1

Copyright © 김초롱, 박규원 2022
이 책의 레시피, 사진 등 모든 저작권은 저자와 (주)레시피팩토리에 있는 저작물이므로
이 책에 실린 글, 레시피, 사진의 무단 전재와 무단 복제를 금합니다.

* 인쇄 및 제본에 이상이 있는 책은 구입하신 서점에서 교환해 드립니다.